CONSTELAÇÃO FAMILIAR –
OS INCRÍVEIS EFEITOS DO MÉTODO HELLINGER APLICA-DO NA UNIVERSIDADE DO ESTADO DA BAHIA

CB034476

Editora Appris Ltda.
1.ª Edição - Copyright© 2021 dos autores
Direitos de Edição Reservados à Editora Appris Ltda.

Nenhuma parte desta obra poderá ser utilizada indevidamente, sem estar de acordo com a Lei nº 9.610/98. Se incorreções forem encontradas, serão de exclusiva responsabilidade de seus organizadores. Foi realizado o Depósito Legal na Fundação Biblioteca Nacional, de acordo com as Leis nos 10.994, de 14/12/2004, e 12.192, de 14/01/2010.

Catalogação na Fonte
Elaborado por: Josefina A. S. Guedes
Bibliotecária CRB 9/870

F676c 2021	Fonseca, Helen Lacerda Edington
	Constelação familiar : os incríveis efeitos do método Hellinger aplicado na Universidade do Estado da Bahia / Helen Lacerda Edington Fonseca. - 1. ed. - Curitiba : Appris, 2021.
	89 p. ; 21 cm.
	Inclui bibliografia.
	ISBN 978-65-250-0110-4
	1. Constelações familiares. 2. Terapia sistêmica (terapia familiar). Hellinger, Bert, 1925. I. Título. II. Série.
	CDD – 616.891

Livro de acordo com a normalização técnica da ABNT

Appris editora

Editora e Livraria Appris Ltda.
Av. Manoel Ribas, 2265 – Mercês
Curitiba/PR – CEP: 80810-002
Tel. (41) 3156 - 4731
www.editoraappris.com.br

Printed in Brazil
Impresso no Brasil

Helen Lacerda Edington Fonseca

CONSTELAÇÃO FAMILIAR –
OS INCRÍVEIS EFEITOS DO MÉTODO HELLINGER APLICADO NA UNIVERSIDADE DO ESTADO DA BAHIA

FICHA TÉCNICA

EDITORIAL
Augusto V. de A. Coelho
Marli Caetano
Sara C. de Andrade Coelho

COMITÊ EDITORIAL
Andréa Barbosa Gouveia (UFPR)
Jacques de Lima Ferreira (UP)
Marilda Aparecida Behrens (PUCPR)
Ana El Achkar (UNIVERSO/RJ)
Conrado Moreira Mendes (PUC-MG)
Eliete Correia dos Santos (UEPB)
Fabiano Santos (UERJ/IESP)
Francinete Fernandes de Sousa (UEPB)
Francisco Carlos Duarte (PUCPR)
Francisco de Assis (Fiam-Faam, SP, Brasil)
Juliana Reichert Assunção Tonelli (UEL)
Maria Aparecida Barbosa (USP)
Maria Helena Zamora (PUC-Rio)
Maria Margarida de Andrade (Umack)
Roque Ismael da Costa Güllich (UFFS)
Toni Reis (UFPR)
Valdomiro de Oliveira (UFPR)
Valério Brusamolin (IFPR)

ASSESSORIA EDITORIAL
Evelin Louise Kolb

REVISÃO
Andrea Cristine

PRODUÇÃO EDITORIAL
Letícia Hanae Miyake

DIAGRAMAÇÃO
Yaidiris Torres

CAPA
Edson Moraes

COMUNICAÇÃO
Carlos Eduardo Pereira
Débora Nazário
Kananda Ferreira
Karla Pipolo Olegário

LIVRARIAS E EVENTOS
Estevão Misael

GERÊNCIA DE FINANÇAS
Selma Maria Fernandes do Valle

COORDENADORA COMERCIAL
Silvana Vicente

Ao querido mestre Hellinger, que com sua coragem e força disseminou e expandiu, em todas as partes, não só o Amor, mas, também, a Ordem, sem a qual o Amor não pode fluir.

À Bianca, minha muito amada filha.

AGRADECIMENTOS

Aos meus pais, que me deram a vida e aos quais sou eternamente grata.

A Cristina Campos, grande amiga cujo estímulo resultou nos Grupos de Desenvolvimento Humano por mim criados na UNEB.

A Clara Ventura Obrador, minha mestra na Pós-Graduação em Intervenção Sistêmica Contextual (ICE– UIB/ES), e sua linda conexão com o Universo.

A Mercé T. Vilaginés (*in memoriam*), que trabalhou incessantemente para implantar uma pedagogia humanista que ajudou a incluir amorosamente várias etnias no contexto educativo espanhol.

A respeito do trauma:

O importante não é o que fizeram comigo mas, sim, o que eu estou fazendo com o que fizeram comigo.

(Joan Garriga)

PREFÁCIO

Conheci Helen na formação em Constelações Familiares que fizemos juntos entre 2008 e 2010. Lembro-me de alguns comentários seus ao longo desses anos sobre sua atuação na universidade com o trabalho das constelações. Sempre a vi muito entusiasmada com os resultados. Esse é, realmente, um trabalho especial, não somente pelos resultados que tendem a se tornar visíveis em pouco tempo, mas por ser algo que lida com aspectos da existência humana que estão próximos de nossa essência. Nossa cultura ocidental sofre de graves problemas, vemos dificuldades sérias em todas as áreas da vida: pobreza, fome, violência crescente, injustiças de todo tipo, problemas econômicos e tantos outros. Podemos dizer que enquanto sociedade caminhamos perdidos e nosso futuro coletivo não parece muito alentador. Pessoalmente, compreendo que esses são sintomas de uma grave doença da qual padecemos enquanto coletividade humana. Perdemos o rumo por estarmos coletivamente desconectados de nossa essência.

Nossa cultura há muito prioriza o hemisfério cerebral esquerdo, que é racional, analítico, nominativo, temporal, linear, verbal e argumentativo, enquanto o hemisfério direito, também chamado de hemisfério silencioso, cujas funções são a percepção de totalidades, é atemporal, não linear, espacial, intuitivo, simultâneo e muito ligado ao que Rudolf Steiner chamou de "o pensar do coração", uma forma de pensar que inclui essas funções cerebrais do hemisfério direito. Para isso, a pessoa precisa estar num estado de integração de suas partes, precisa estar verdadeiramente no momento presente, consciente de si e dos outros e das relações que estão ali. Não se trata de deixar as funções do hemisfério esquerdo de lado, mas usar igualmente as duas possibilidades ao mesmo tempo. Isso produz uma profundidade que falta à grande maioria das pessoas. E entendo que essa é a grande doença do ser humano atual. O vazio do qual tantos sofrem e que tentam preencher com mil coisas, no fundo, é o vazio de si mesmos, de uma falta de conexão com o profundo de si próprios. Falta-nos o Todo de nós mesmos.

Com o advento do pensamento sistêmico isso começou a mudar em cada uma das ciências que passou a utilizar esse novo paradigma. Mas ainda não chegou ao cotidiano das pessoas utilizar o "pensar do coração". Esse, entendo, é um dos motivos que torna a Constelação Familiar tão atrativa para tantos. Em poucos anos ela se tornou conhecida em praticamente todos os países.

Bert Hellinger trouxe muitas inovações com seu trabalho e a base dele tem ligação com esse olhar profundo, paciente, que não busca respostas rápidas, que aprofunda para dentro do problema, da pessoa que o vive e na direção da solução real daquela questão. Seu método foi o da Fenomenologia.

Há muitas e interessantes implicações nas constelações familiares. Como ela se dá? Num grupo de pessoas, muitas vezes que não se conheciam antes, uma delas é escolhida para ser constelada, e com apenas o colocar do tema que ela quer trabalhar, às vezes sem mais nenhuma informação fornecida sobre sua vida, ela escolhe, entre os participantes do grupo, alguns para representar pessoas de sua família. E ao se colocarem disponíveis para tal e com uma atitude "sem intenção" – e isso é fundamental para não haver uma interferência intencional do representante –, eles começam a sentir coisas que não estavam sentindo minutos antes. Sensações corporais, emoções, uma disposição positiva ou negativa com outros representantes e que, na maioria das vezes, é reconhecida como significativa pelo constelando.

E foi assim que Bert Hellinger desenvolveu todo seu trabalho, com um olhar paciente para o que era trazido à luz que anteriormente estava obscuro, não visível aos olhos. Foi assim que ele percebeu, com o passar do tempo, a importância do pertencimento, do quanto tendemos a nos identificar com ancestrais que foram excluídos por alguma razão, repetindo inconscientemente o destino daquele ancestral.

Com esse olhar fenomenológico, no qual está implicado o uso das funções cerebrais dos dois hemisférios, veio à tona o que Bert Hellinger chamou de as Ordens do Amor, por perceber que existe no inconsciente uma força sistêmica agregadora, um amor inconsciente que torna o grupo mais importante do que o indivíduo e que faz com que todos possam pertencer, independentemente do que eles fizeram, que todos têm igual direito a pertencer àquele grupo familiar humano, que congrega todas as gerações anteriores de cada ser humano. As constelações tornam visíveis os emaranhamentos das ordens do amor em função de exclusões, ou desequilíbrios entre o dar e o tomar nas relações entre as pessoas porque a ordem de chegada à família foi de alguma forma desrespeitada.

Uma frase famosa nas constelações é de que os pequenos servem aos grandes. Quem são os pequenos? Nós em relação aos antepassados. Estes são os grandes porque vieram primeiro. Assim também as crianças são os pequenos em relação aos seus pais porque, inconscientemente, servem a eles. E é por isso que elas eventualmente adoecem "por amor" aos seus pais. Trazem para si os conflitos que seus pais vivem. Jung já havia percebido isso e quando alguém chegava até ele com o pedido de que atendesse uma criança, ele atendia os pais e a criança melhorava. Os pequenos servem aos grandes no grande serviço à vida de trazer o equilíbrio aos sistemas familiares.

Assim, uma das implicações que as constelações demonstram é o funcionamento sistêmico da vida nas famílias e, por conseguinte, em todos os agrupamentos humanos. Nas organizações, nas empresas e em todo tipo de agrupamento humano, as mesmas leis naturais ou ordens do amor, como definiu Hellinger, regem as relações. Não somos apenas seres individuais e não é apenas na consciência cultural familiar que se pautam todos os aspectos dos quais não estamos conscientes. Existe uma teia da vida que nos liga aos nossos antepassados, bem como a todos os demais ao nosso redor. E isso só poderá ser mais claramente percebido quando nos abrirmos para um pensar mais contemplativo, que se utiliza igualmente das funções cerebrais dos dois hemisférios, que olha com o coração e mente em uníssono. Uma consequência desse olhar é que aquele vazio desaparece. Começamos a nos sentir mais plenos por estarmos numa plenitude de coração e mente.

Quando uma constelação familiar acaba, se ela foi bem conduzida, o mais comum é que todos estejam se sentindo bem em função dos desemaranhamentos que foram produzidos. Como é fundamentada num olhar para o Todo do sistema familiar da pessoa que está sendo trabalhada, mas também incluindo o Todo de todas as pessoas presentes, cada um é tocado por ressonância em suas próprias questões que ressoam com a temática trabalhada. Assim, todos saem com algo que não tinham antes da constelação. A constelação tem esse efeito de deixar a todos um pouco mais ordenados com seus sistemas.

Mas, às vezes, uma constelação pode despertar algo que precisa ser movido no campo familiar de um representante. Algo que está maduro, pronto para ser mexido, e isso pode ser sentido como um desconforto por aquele representante ao final de uma constelação. É o inconsciente, em sua sabedoria, manifestando-se, e se soubermos ouvir e responder a ele, mais uma parte da história daquele sistema familiar pode ser ordenada também.

Assim, deveríamos ler cada sintoma físico, emocional ou mental como um chamado do inconsciente a algo que precisa ser ordenado. Quando a mensagem e todos os seus aspectos associados são recebidos, compreendidos e levados em consideração, o mensageiro pode ir embora. O sintoma perde sua função e deixa de existir, em parte ou completamente, dependendo do quanto foi compreendido e resolvido da mensagem que ele trouxe à consciência.

Outro aspecto que está implicado nas constelações familiares, devido ao fato de que representantes podem sentir sensações e emoções de outra pessoa, muitas vezes de ancestrais de várias gerações passadas, é a existência do que o biólogo Rupert Sheldrake chamou de Campos Morfogenéticos, ou campos informacionais, que contêm toda a nossa história familiar, em nós. A isso Jung se referiu como o Inconsciente Coletivo, uma camada interior da mente que guarda informações arcaicas de tempos idos, de experiências vividas por aqueles que viveram antes de nós desde tempos imemoriáveis.

De alguma forma, o representante, na constelação, acessa esse campo informacional apenas se colocando disponível a isso. Portanto existe em todos os seres humanos uma rede de comunicação e informação que pode ser acessada. Como dizia David Hawkins, um psiquiatra americano, "cada ser humano é como o terminal de um computador que tem acesso a um imenso supercomputador, repositório de imenso conhecimento e sabedoria, através da mente subconsciente".

Ao longo dos anos, o trabalho de Bert Hellinger foi sofrendo mudanças, foi se desenvolvendo de acordo com novos insights que ele acessou. Foi uma jornada de toda uma vida. É preciso tempo para que cada pessoa que se aproxima desse método ou caminho possa aprender e vivenciar; há muito a se conscientizar do passado familiar e a honrar, reverenciar e agradecer, pois esse é o caminho para trazer ordem novamente ao sistema da família. É um caminho em que vemos a grandiosidade da vida, que é muito mais do que os olhos podem abarcar.

Voltando ao início, nossa cultura tende a olhar com muita superficialidade e arrogância, como é típico do olhar adolescente, que acha que sabe, por não ser mais criança, mas ainda sem ter a compreensão e a experiência do adulto já vivido. Que o leitor possa se aproximar dessas experiências e conhecimentos que a escritora Helen compartilha neste livro, com a mente e o coração abertos. Não por serem desprovidos de cunho científico – já são décadas de experimentações em diversos países e por milhares de grupos, tendo sido realizados ao longo desse tempo por diversos profissionais e os resultados desses grupos sempre corroboram os achados de Bert Hellinger. Os resultados das constelações falam por si. E não só por mudanças positivas nos núcleos familiares. O conhecimento da constelação foi adaptado para trabalhos em organizações e empresas. Hoje, existe a Constelação Organizacional, com pequenas, mas importantes mudanças na forma de lidar com os agrupamentos humanos nas empresas, que também se ligam à família de cada participante, principalmente de seus donos.

No Brasil, um juiz de Vara de Família, Sami Storch, começou a utilizar dos conhecimentos das constelações em seu trabalho, com excelentes resultados. Com isso criou o que hoje é conhecido como Direito Sistêmico, que teve tanto sucesso que em pouco tempo se difundiu para todos os estados do Brasil. Na área da Educação também houve contribuições importantes para o que hoje é conhecido como Educação Sistêmica, que leva em consideração a relação professor, aluno e sua família, incluindo as leis que governam o grupo familiar de origem de cada criança. Pequenos ajustes levando esses conhecimentos em consideração têm se mostrado de imenso valor para criar mais harmonia nas escolas e maior aproveitamento dos alunos nas relações em sala de aula.

A Constelação Familiar ainda é uma ciência nova, recente, mas traz a promessa de trazer paz nas relações humanas em todos os aspectos da vida, pois é isso o que tem acontecido com cada pessoa que a experimenta. Foi por esse motivo que Hellinger a chamou de ciência do Amor na introdução de seu livro *O amor do espírito* (2011, p.11):

> É uma *scientia universalis* – a ciência universal das ordens da convivência humana, começando pelas relações nas famílias, ou seja, pelo relacionamento entre homem e mulher e entre pais e filhos, incluindo sua educação, passando pelas ordens no âmbito do trabalho, na profissão e nas organizações, chegando até as ordens entre grupos extensos como, por exemplo, povos e culturas.

Levar esse conhecimento e sua prática para o meio acadêmico é um passo importante e corajoso, já que o meio acadêmico tende a ser resistente a novas propostas. Parabenizo à Helen pela determinação nesse objetivo. Os alunos têm muito a ganhar em conhecimento e em harmonização de situações em suas vidas e famílias.

Estamos, com isso, testemunhando o nascimento de uma importante mudança, que é a de mais consciência dos processos emocionais e da profundidade psíquica que nos caracteriza como seres humanos. Somos muito, muito mais do que aparentamos na superfície. E volto a dizer, muitos males que vivemos em nossa cultura e sociedade podem ser minimizados consideravelmente caso olhemos à direção que Bert Hellinger e o olhar sistêmico da vida provêm.

Marcos Lopes Vindusek.

Psicólogo e constelador familiar.

APRESENTAÇÃO

O paradigma sistêmico criado por Bert Hellinger, por ser fenomenológico, empírico e por contextualizar a pessoa em seu sistema, comprova grande eficácia frente a problemas diversos. Esse modelo permite entender a natureza sistêmica das relações interpessoais no campo familiar e social de cada "indivíduo". Ao alterar tais sistemas, esse método integra o indivíduo e leva-o à mudança de atitude em seus sistemas familiar, organizacional etc., bem como dos integrantes de tais sistemas em relação ao indivíduo.

O campo quântico da constelação permite a aquisição das informações sobre o sistema do constelando necessárias ao processo de recontextualização. A transgressão das leis sistêmicas gera conflitos e discórdias, que se manifestam sob a forma de patologias individuais, familiares e sociais. As Constelações Sistêmicas Familiares têm grande resolutividade na solução de conflitos de quaisquer naturezas; ao fazer-se a reconciliação entre membros do sistema familiar e a reinserção de pessoas excluídas, os benéficos resultados se fazem ver nas diferentes dimensões que constituem o ser humano: física, mental, emocional e espiritual.

Este livro apresenta os fundamentos do modelo terapêutico sistêmico criado por Bert Hellinger e a experiência pioneira da autora nos 14 Grupos de Desenvolvimento Humano criados por ela, de 2011 a 2019, na Universidade do Estado da Bahia (Uneb), com seus resultados positivos confirmados em fichas de feedback preenchidas por seus alunos. Esse Curso de Extensão, denominado "Intervenção Sistêmica Contextual (Constelação Familiar segundo Bert Hellinger)" e do qual participaram discentes, docentes, funcionários da Universidade e pessoas da comunidade externa à Universidade, integrou o projeto de dedicação exclusiva da autora à Universidade.

Também são incluídos aqui casos de clientes particulares da autora, beneficiados pelo método.

SUMÁRIO

INTRODUÇÃO 23

1
DA NECESSIDADE DA EDUCAÇÃO EMOCIONAL SISTÊMICA 29
1.1 As cegueiras do conhecimento: o erro e a ilusão 39
1.2 Os princípios de um conhecimento pertinente 42
1.3 Ensinar a condição humana 44
1.4 Ensinar a identidade terrestre 46
1.5 Enfrentar as incertezas 46
1.6 Ensinar a compreensão 47
1.7 A ética do gênero humano 48

2
BREVE RELATO DE UMA EXPERIÊNCIA DOCENTE 51

3
O MODELO SISTÊMICO-FENOMENOLÓGICO 57

4
**O PIONEIRISMO DA UNIVERSIDADE DO ESTADO DA BAHIA
NA OFERTA DAS PRÁTICAS EM CONSTELAÇÃO FAMILIAR E
INTERVENÇÃO SISTÊMICA CONTEXTUAL** 61

5
**FATOS E EFEITOS DAS PRÁTICAS REALIZADAS NOS
DIFERENTES GRUPOS DE DESENVOLVIMENTO HUMANO
(GDH) – UNEB E DE CLIENTES** 65

CONSIDERAÇÕES FINAIS 79

REFERÊNCIAS 85

INTRODUÇÃO

A aplicação do método Hellinger das Constelações Familiares e Organizacionais – Hellinger Ciência – tem resultado na produção de vários trabalhos científicos na Europa e está em processo de forte expansão no Brasil pelo impacto que vem causando devido aos resultados obtidos e pela recente inclusão, pelo Ministério da Saúde, no Sistema Único de Saúde (SUS) como prática integrativa e complementar à Medicina.

Essa nova forma de olhar os problemas humanos e solucionar conflitos é uma terapia potente, bastante adequada e necessária aos profissionais da saúde, aos terapeutas, educadores, trabalhadores sociais, mediadores, administradores etc., pelas respostas vigorosas e evidentes nos contextos aos quais se aplica. O enfoque fenomenológico permite, ao configurar-se uma constelação familiar, expressar as forças complexas que regem os sistemas humanos e o caminho para a solução. Esse método

> [...] ayuda a completar las causas pendientes, dejando a cada persona con su responsabilidad y su lugar de dignidad dentro de la familia. Se rompen de esta forma las dependencias existentes que tienen los miembros de la família actua les con lo no resuelto por los anteriores miembros de la misma.[1]

Pela configuração de imagens do sistema familiar e/ou organizacional surgem informações sobre estruturas e dinâmicas do sistema que permitem formular e conduzir a imagens de solução. Mais recentemente, a solução é dada pela ação movida pelos representantes no campo morfogenético do constelando ou cliente. Como já é de conhecimento geral, em estudos de Constelação Familiar, o

---

[1] GÓMEZ GÓMEZ, F. Y.; MUNUERA GÓMEZ, M.P. Experiencias grupales innovadoras en la segunda especialidad en orientación y consejería al niño, adolescente y psicoterapia familiar. *In:* II ENCUENTRO SOBRE EXPERIENCIAS GRUPALES INNOVADORAS EN LA DOCENCIA UNIVERSITÁRIA. **Anais [...].** UCM, Madrid, 2007a, p. 1- 7.

termo "morfogenético", criado pelo físico inglês Rupert Sheldrake,[2] refere-se ao campo que possui todas as informações necessárias para a reconciliação e o sucesso entre os membros do sistema familiar que se constela. Pode ser também chamado de campo quântico.

Quanto a esse tema, Mc Taggart[3], jornalista britânica, escreveu seu livro *O Campo – em busca da força secreta do Universo*, ao constatar os "milagres"– as evidências científicas quanto a métodos de cura que distam muitíssimo das ideias sobre Biologia tal como se conhece. Refere-se, por exemplo, aos contributos da Homeopatia e da Acupuntura, cita trabalhos sérios de investigação que provam que introduzir agulhas finas em pontos dos meridianos de energia melhoram problemas de saúde. E nos trabalhos científicos que estudam a cura espiritual explica a melhora do estado de saúde de enfermos pela concentração de pessoas, à distância, com a intenção de curá-las.

A autora sentiu-se surpresa e confusa, inicialmente, com essas descobertas, já elas se baseavam em um paradigma de corpo humano diferente do que propunha a ciência moderna, uma vez que esses estudos/atividades operavam em níveis energéticos. Para encontrar respostas a autora conviveu em comunidades alternativas, pesquisou em muitos livros os conceitos de energia, especialmente o porquê da denominação "energia sutil".

Ela relata a experiência vivida por Edgard Mitchel, tripulante da Apolo 14 que, na viagem de volta, ao ver a Terra pela janela do módulo, viveu uma experiência de conexão com todos os planetas, lugares e pessoas, o mágico sentimento de Unidade com tudo e todos. Ao chegar à Terra, deixou a Nasa e criou uma equipe de investigadores da consciência e dos estados alterados de consciência, que fizeram pesquisas durante 25 anos.

O modelo das Constelações, surgido da fusão e adaptação de diferentes técnicas terapêuticas, estrutura-se na teoria de sistemas,

---

[2] SHELDRAKE, R. **A new science of life**. The hyphothesis of morphicresonance. London: Blond & Briggs, 1981.

[3] MCTAGGART, Lynne. **O campo:** em busca da força secreta do universo. Tradução de Claudia Gerpe Duarte. Rio de Janeiro: Rocco, 2008.

no conceito de campos morfogenéticos e na teoria do inconsciente coletivo de Carl Jung.

O trabalho com constelações familiares permite obter, em pouquíssimo tempo, uma série de informações sobre um sistema familiar, as quais permitem àquele que configura seu sistema perceber com clareza seu lugar no próprio sistema.

Stephan Hausner[4] corrobora, com suas constelações sistêmicas, evidenciando que as causas de inúmeras enfermidades se encontram nos sistemas familiares, nos processos de compensação entre os sistemas, por meio do amor cego da infância. Essa tentativa de compensar uma exclusão – o que ocorre também no contexto organizacional – geralmente conduz a uma identificação entre um membro mais jovem do sistema e aquele que foi excluído, resultando em dupla exclusão.

As constelações sistêmicas tratam de contextualizar cada membro integrante para restabelecer a ordem e a perfeita ação funcional de seus membros. Os efeitos do método são imediatamente percebidos por todos e a eficácia é comprovada com o fluir do processo no tempo, pelas mudanças de comportamento relacional.

Marques[5] vaticina que a violência urbana não será solucionada com pressão ou coação social. Nesse sentido, afirma que é importante ampliar o olhar sobre a importância do trabalho de reestruturação da família, da contextualização de seus membros para o reequilíbrio desse sistema tão importante no contexto cultural e político de qualquer país. A educação, sem dúvida, por intermédio de seu meio institucional, com a ajuda de uma nova visão e metodologia, tem um importante papel no processo transformador de inclusão.

A família, como célula – e como sistema básico do sistema social –, reflete e reproduz a realidade de seu contexto. É interessante ter em conta o sentido de "sistema", de acordo com Bert Hellinger,[6]

---

[4] HAUSNER, Stephan. **Constelações familiares e o caminho da cura:** a abordagem da doença sob a perspectiva de uma medicina integral. Tradução de Newton A. Queiroz. São Paulo: Cultrix, 2010.

[5] MARQUES, E. A base da violência. Sociologia especial. **Ciência&Vida**, São Paulo, n. 1, ano 1, p.20-9, 2007.

[6] HELLINGER, B. **A paz começa na alma**. Patos de Minas: Atman, 2006.

que afirma estarem as partes – os membros – de um sistema familiar em contínua interação e, portanto, influenciarem-se reciprocamente e cumprirem com lealdade as leis de seu sistema, ainda que seja inconscientemente.

De acordo com Vilaginés[7], o que subjaz na violência "é uma longa história de dor, ameaças, falta de limites etc". A violência seria a continuação de uma cadeia resultante de muitas desordens; agressor e vítima fazem parte de um círculo vicioso, portanto não se pode atuar unicamente em relação a uma das partes, castigando somente o agressor.

Sabe-se que nos sistemas naturais e sociais as partes constituem o todo e o todo está nas partes; do mesmo modo, a sociedade é constituída por pessoas que, individualmente, refletem a sociedade.

Citando o método das constelações familiares, Vilaginés[8] afirma ser a família um sistema aberto, com leis que afetam seus membros, consciente ou inconscientemente; afirma que a mudança afeta um membro e todos os demais com os quais está inter-relacionado; fala da autorregulação – homeostase – dos sistemas como forma de sobrevivência. Esse fenômeno se manifesta quando, frente a uma exclusão, a consciência do sistema familiar determina, por comandos inconscientes, que alguém da nova geração traga de volta a memória daquele excluído – processo de compensação. A forma e a consequência de como isso é feito traz nova exclusão e mais sofrimentos: o novo membro da família escolhido para representar o excluído identifica-se com este e vivencia todo o seu sofrimento, gerando, assim, mais uma exclusão.

Foi esse fato que levou Bert Hellinger a buscar uma forma de evitar novas exclusões, criando, com a atualização do seu método, a nova constelação familiar, que inclui todos, igualmente, superpondo-se ao inconsciente do grupo familiar.

---

[7] VILAGINÉS, M. T. **La pedagogia sistémica**. Fundamentos y práctica. Barcelona: Editorial Graó, 2007, p. 86.

[8] VILAGINÉS, 2007, p.20.

Sobre as ordens – leis sistêmicas – afirma que sua transgressão gera conflitos e discórdias, que se manifestam sob a forma de patologias individuais, familiares, grupais e sociais.

A aplicação desse método em educação pela Pedagogia Sistêmica tem conseguido solucionar problemas, levando ao sucesso do processo ensino-aprendizagem graças ao trabalho conjunto de professores, pais e estudantes, sob a orientação de Olvera.[9]

São princípios fundamentais do trabalho com constelações familiares ou organizacionais:

a. **o direito à pertinência** – saber que pertence a um sistema gera no indivíduo amor e felicidade; por esse amor o filho é capaz de sacrificar sua vida.

b. **a prioridade dos que chegam primeiro ou ocupam funções prioritárias no sistema** – as normas e regras do grupo – as relações se estruturam nos sistemas por meio de ordens e regras. Os subsistemas que se cruzam e inter-relacionam no interior de um sistema familiar geram vínculos e transmitem conhecimento de toda ordem às gerações seguintes;

c. **o equilíbrio entre dar e receber** – exceto nas relações entre pais e filhos, professores e alunos, as demais relações devem buscar o equilíbrio entre dar e tomar. Os pais e professores dão mais e os filhos e alunos recebem mais porque os que vieram antes dão aos que vêm depois.

O princípio da ordem prima e subjaz aos sistemas familiares e organizacionais. Um dos princípios mais importantes no modelo das Constelações Familiares é o da ordem, o lugar que a pessoa ocupa no seu sistema de referência. Ao sair do seu lugar, ou seja, ao ocupar o lugar de outro no sistema respectivo, subverte-se a ordem, gerando o que se denomina disfunção sistêmica.

---

[9] OLVERA, A. **Pedagogía del siglo XXI**. El éxito es tu historia. México: Cudec, 2009.

O antropólogo Maslow[10] havia proposto como as duas necessidades humanas básicas, a de Pertinência e a de Referência, são "imperativos profundos" que condicionam o comportamento humano.

Remontando-se há algumas décadas, especialmente em cidades do interior, é possível perceber que, nesses contextos, as pessoas eram conhecidas e denominadas socialmente como filhos(as) de Fulano e Fulana, ou marido/companheiro de Sicrana etc. Esse tipo de referência reforça o contexto ao qual pertence a pessoa, reafirmando seus vínculos familiares, portanto sua pertinência ao seu sistema, o que evidencia a indissociabilidade entre os dois conceitos/condições.

Cada pessoa, ao conhecer sua posição pessoal dentro do grupo, traz sentido ao movimento profundo de relações humanas e seus vínculos. Pelo lugar que ocupa no espaço familiar desde a infância, cria-se um filtro a partir do qual se percebe o mundo e os demais. Esse lugar é base das matrizes vinculativas, por meio da ordem ou desordem afetiva compensatória e seus intercâmbios, ativados desde o "amor cego" da infância.

O ser humano serve aos sistemas a partir do seu próprio lugar, a partir do vínculo. Cada criança é parte de um todo ao qual se vincula, em função de sua experiência a respeito de suas primeiras vinculações. Essas experiências são condicionadas pelos sistemas familiares, sociais, culturais e históricos aos quais pertence e nos quais cresce. A partir daí a criança relaciona-se, construindo-se.

É importante buscar reconhecer-se como pertencente a um grupo e saber que lugar ocupa nele.

---

[10] MASLOW, A. **Toward a psychology of being**. Rio de Janeiro: Letra Viva, 1968.

1

DA NECESSIDADE DA EDUCAÇÃO EMOCIONAL SISTÊMICA

Os conflitos entre alunos e entre estes e professores em escolas brasileiras – o que gera, inclusive, a prática do *bullying* –, vêm, já há algum tempo, sendo objeto de grande preocupação. Como exemplo de tais conflitos, a seguir são apresentadas partes de um texto da internet como resposta de uma professora a uma reportagem feita em uma revista informativa de grande circulação nacional e que comprovam a persistência e a gravidade do problema. A matéria diz que avaliações oficiais para medir o nível de ensino no Brasil cumprem boa função, mas não dão resposta à questão fundamental frente à sucessão de tão maus resultados: por que as aulas não funcionam?

A resposta apaixonada da professora evoca os vários problemas que evidenciam o desafio da educação no Brasil.

> Sou professora do estado do Paraná e fiquei indignada com a reportagem da jornalista Roberta de Abreu Lima, "Aula Cronometrada". É com grande pesar que vejo quão distante estão seus argumentos sobre as causas do mau desempenho escolar com as VERDADEIRAS razões que geram esse panorama desalentador. [...]
>
> Entrem numa sala de aula e observem a realidade brasileira. Que alunos são esses "repletos de estímulos" [...] muitas vezes oriundos de famílias impregnadas pelas drogas e destruídas pela ignorância e violência, causas essas que, infelizmente, são trazidas para dentro da maioria das escolas brasileiras.
>
> Está na hora dos professores se rebelarem contra as acusações que lhes são impostas. Problemas da sociedade

> *deverão ser resolvidos pela sociedade e não somente pela escola.*
>
> *Não gosto de comparar épocas, mas quando penso na minha infância, onde pai e mãe, tios e avós estavam presentes e onde era inadmissível faltar com o respeito aos mais velhos, quanto mais aos professores, e não cumprir as obrigações, fossem escolares ou simplesmente caseiras, faço comparações com os alunos de hoje, "repletos de estímulos".*
>
> *Estímulos de quê? De passar o dia na rua, não fazer as tarefas, ficar em frente ao computador, alguns até altas horas da noite, quando o têm, ou, o que é ainda pior, envolvidos nas drogas. Sem disciplina, seguem perdidos na vida. [...] o que essas crianças e jovens procuram é amor, atenção, orientação e disciplina.*[11]

Nesse sentido, a pedagogia sistêmica deve cumprir um papel relevante no ensino público e privado pela ajuda na reestruturação das muitas famílias com desajustes, inclusive as com incursões na violência.

Ter uma consciência sistêmica é fundamental para compreender melhor o próprio contexto, o papel que se desempenha nele, aprender a contextualizar-se. Isso permitirá a aquisição de ferramentas para apoiarem o processo de mudança pessoal e o alinhamento com a pertinência, a ordem e o intercâmbio correto dentro dos sistemas.

Chegar a uma maior consciência dos sistemas e a tudo que se relaciona a eles permite um treinamento em inteligência sistêmica que conduz a uma melhor compreensão dos eventos. A partir dessa consciência pessoal se pode chegar a uma consciência profissional mais sistêmica.

Isso permitirá reconhecer-se nos sintomas as disfunções e os movimentos de compensação cega – padrões de aprendizagem da

---

[11] LIMA, R de A. Aula cronometrada. **Veja**, 16/11/2010. Acesso em: 16 set. 2015.

infância. Essas desordens relacionais têm quase sempre a ver com exclusões e questões de ordem.

É importante entender que o que uma pessoa percebe, ela o faz não só em função do que viveu, mas também das memórias dos sistemas. A percepção está influenciada pelas experiências anteriores dos sistemas. Não é uma percepção limpa/isenta de sua vivência anterior, mas também, de forma inconsciente, das vivências do sistema familiar ao qual pertence, ou seja, trata-se de influência transgeracional.

É crucial entender que o papel dos pais é e deverá ser sempre o de pais, não cabendo a transferência de tais papéis e responsabilidades aos professores. A educação familiar precede qualquer outra e, nos casos de conflitos leves ou graves, cabe ao professor o papel de mediar o conflito, jamais assumir a função de um dos pais. Esse é um dos problemas demonstrados por especialistas em Pedagogia Sistêmica ao trabalhar no contexto das escolas, especialmente evidenciados no México e na Espanha.

Angélica Olvera,[12] coordenadora de formações pelo Centro Universitário Dr. Emílio Cárdenas (Cudec)/México, e hoje associada à Hellinger Ciência (Alemanha e Brasil), demonstra, em diferentes vídeos, o inconveniente da descontextualização do(a) professor(a) diante do(a) aluno(a) de família monoparental, o(a) qual, pela sua carência da presença paterna e devido à pouca atenção materna, levam o(a) professor(a), pela compaixão, a ocupar o lugar dos dois, na tentativa de acolhê-lo(a), protegê-lo(a). A ausência do pai nas famílias mexicanas, embora este assuma despesas e envie dinheiro, é um fato frequente, tendo em vista sua saída para outros países, especialmente EUA, em busca de emprego ou melhor condição econômica.

O relato apresentado a seguir vem comprovar, mais uma vez, uma das afirmações de Hellinger no que tange ao amor de vínculo dos filhos em relação aos seus pais e que os fazem, muitas vezes, sacrificarem-se por eles.

---

[12] OLVERA, 2009, p.75.

Vilaginés[13] relata, do seu trabalho sistêmico-educativo em escola da Comunidade Autônoma de Barcelona (ES), casos de crianças consideradas hiperativas. Um desses relatos refere-se a um aluno de escola pública, o qual havia sido repreendido várias vezes por agredir seus colegas de sala. Ao conversar com sua mãe, que foi chamada para um encontro com a autora citada, esta lhe perguntou como se comportava o aluno em casa. A resposta, aparentemente surpreendente, foi a de que o aluno ficava sentado ao lado da mãe, jogando no seu videogame, toda a tarde. A professora e terapeuta pediu que a mãe do aluno fechasse os olhos, respirasse e respondesse à pergunta: "O que você acha que leva seu filho a perturbar a aula, ao provocar, agredir, seus colegas em sala de aula e, contraditoriamente, ficar todo o tempo disponível em casa, quieto, ao seu lado?".

A mãe do aluno, entre lágrimas, disse que ela havia tentado o suicídio três vezes e que, certamente, o filho queria protegê-la. Isso mostra o amor imenso dos filhos pelos pais, o amor infantil, capaz de sacrificar a própria vida pelos progenitores.

Na Espanha, pelo movimento histórico da imigração, além da monoparentalidade integram também os conflitos família-escola, a xenofobia e o preconceito que, mesmo não sendo regra geral, existem.

No Brasil, o quadro escolar não é muito diferente: existe a monoparentalidade familiar do aluno, porém por razões diversas: relações interrompidas entre pais por finalização de afetos, incompatibilidades, disputas judiciais agravadas pelo ódio transferido de um dos progenitores ao(a) filho(a), que rechaça ao outro progenitor – a grave e famigerada alienação parental.

O método das constelações sistêmicas opera exatamente na contextualização de cada pessoa no seu sistema. Desse modo, o trabalho com os pais será no sentido de fazê-los perceberem e assumirem seus lugares como pais.

Por seu efeito transformador, a educação emocional veiculada pela pedagogia sistêmica pode trazer grandes soluções à problemática educacional brasileira.

---

[13] VILAGINÉS, 2007, p. 20.

Mercé Traveset Vilaginés, professora por mais de 20 anos, psicóloga, psicopedagoga, lecionou no Instituto de Ciências da Educação da Universidade Autônoma de Barcelona e coordenou a formação em Pedagogia Sistêmica no Instituto Gestalt, de Barcelona. Ainda, coordenou, com Carles Parellada, a formação em Pedagogia Sistêmica no Instituto Gestalt de Barcelona, na Universitàt Autónoma de Barcelona (UAB) (ES) e na Universitat Rovira I Virgili (URV) (Valência- ES).

É essa professora e terapeuta quem afirma que necessitamos de uma educação que dê aos alunos condições de decodificar seu mundo interno, reconhecer seus impulsos, emoções, pensamentos e assim poderem ser mais conscientes. Dessa forma, ao ampliar seu olhar para as suas diferentes dimensões, é mais fácil contextualizar-se. Ao construir sua própria subjetividade, a partir das competências que o fazem entender-se e ao mundo sistêmico em que vive, é mais fácil criar relações emocionalmente saudáveis consigo mesmo e com o contexto ao qual pertence.

Ela refere-se à neurociência e a autores que, finalmente, enfatizam a importância do mundo inconsciente – "tan injuriado por la ciencia racionalista, para ponernos en contacto con realidades no visibles", cita Bert Hellinger,[14] para o qual resistimos a entrar no inconsciente por medo de deixarmos de pertencer ao grupo, sermos excluídos por conseguirmos uma consciência diferente da de nossos iguais.

Essa autora, que adota a mesma linha de pensamento de Damásio[15], propõe uma visão sistêmica e multidimensional do mundo emocional e oferece ferramentas a docentes, pais e mães para ajudar as crianças e jovens a conhecerem-se melhor e fortalecerem-se emocionalmente. Em seu livro *Pensar con el corazón, sentir con la mente*,[16] ela oferece recursos para que os(as) alunos(as) construam a

---

[14] *Apud* VILAGINÉS, M. T. **La pedagogia sistémica**. Fundamentos y práctica. Barcelona: Editorial Graó, 2007, p.19.

[15] DAMASIO, A. R. **El error de Descartes**. Barcelona: Editorial Planeta S.A., 2016.

[16] VILAGINÉS, M. T. **Pensar con el corazón sentir con la mente**. Recursos didáticos de educación emocional sistémica multidimensional. Barcelona: Editorial Octaedro S.L., 2016.

própria subjetividade a partir do domínio de competências que os ajudam a conhecer, interpretar e transformar o mundo sistêmico e multidimensional, e aceitar as mudanças que surgem.

A metodologia que adota é dinâmica e vivencial: estudos de casos; cenas criadas pelos próprios alunos, que as analisam e chegam a conclusões; situações do cotidiano; debates; visualizações e movimentos sistêmicos.

Essas atividades dão continuidade ao processo próprio do cérebro humano: sensação – emoção–cognição, e explicam que uma educação emocional não pode ser só teórica ou só racional; por isso as atividades propostas partem sempre da vivência dos alunos. Há que "sentir" se se quer que sejam atividades úteis, afirma Vilaginés.

Segundo essa autora, o que a educação sistêmica propõe/ requer é a integração de ambos os hemisférios cerebrais para alinhar o racional ao emocional, embora sempre tenhamos atuado com o uso dos dois. O esquerdo, que é bastante concreto, foi muito útil à humanidade para desenvolver a ciência, a tecnologia etc., porque, no passado, havia essa necessidade. No atual estágio do planeta, frente a outros desafios, é necessário ter uma visão mais abrangente, holística e sistêmica da realidade.

Para integrar os dois hemisférios é necessário desenvolver o hemisfério direito, para olhar nossas imagens ocultas, emoções inconscientes e permitir o acesso à criatividade. O cérebro humano funciona de forma sistêmica e complexa, há uma interconexão entre todas as suas partes. Por isso é muito complexo educar as emoções.

A Neurociência reconhece a importância do inconsciente para nos pormos em contato com realidades não visíveis. Hellinger diz que resistências a entrar no inconsciente se dão por medo de deixar de pertencer a um grupo, ser excluído por adquirir uma consciência diferente da dos membros da família.

Vilaginés,[17] baseando-se no que afirma Damasio, explica que a razão humana depende de diferentes sistemas cerebrais que tra-

---

[17] *Ibidem*, 2016, p.23.

balham conjuntamente por meio de muitos níveis de organização neuronal. O corpo faz parte da cadeia de operações que gera as mais altas capacidades de raciocínio, tomada de decisões e criatividade. A emoção, os sentimentos e a regulação biológica desenvolvem seu papel na razão humana. Um sentimento não é uma qualidade mental pouco nítida, mas a percepção direta da linguagem do corpo. Nossa mente não seria como é se não fosse pela interação do corpo e do cérebro durante a evolução do indivíduo.

Segundo Stanley Greenspan,[18] em seu livro *El crecimiento de la mente y los ambíguos Orígenes de la inteligência*, citado por Vilaginés, as etapas fundamentais do desenvolvimento do nosso cérebro se produzem antes que os primeiros pensamentos fiquem registrados. Cada etapa requer experiências muitas das quais não são cognitivas e, sim, de caráter emocional. As emoções, e não a estimulação cognitiva, são os fundamentos da estruturação primária do psiquismo. O papel das emoções é criar, organizar e coordenar muitas das mais importantes funções cerebrais. A criança organiza as experiências emocionais e desenvolve significados que serão a base do pensamento lógico.

Ainda segundo a autora, a capacidade para analisar as ideias de origem emocional e organizá-las de forma lógica está relacionada ao amadurecimento do cérebro. Em situação de ameaça reagimos com nossos sensores emocionais. As primeiras ideias que temos sobre qualquer tema surgem de aspectos afetivos que formam a base da organização de nossa mente. Em estados de ansiedade, a realidade se interpreta pela visão obscurecida por esse estado emocional. Para Chomsky e Piaget,[19] o surgimento de habilidades cognitivas se dá paralelamente ao desenvolvimento emocional.

Afirma a autora que até hoje a educação tem priorizado ensinar conhecimentos sobre o que nos cerca, porém não ensina como o ser humano está constituído. Desse modo, não sabemos como viver

---

[18] GREENSPAN, Stanley L.;BENDERLY , Bl. **El crecimiento de la mente.** Y los ambiguos orígenes de la inteligencia. Barcelona: Paidós, 1998.

[19] VILAGINÉS, *op. cit.,* p. 13; 20.

em equilíbrio, já que este se consegue quando as energias internas e externas se equilibram. São sábias as palavras da autora:

> La visión sistémica y multidimensional aplicada al mundo emocional nos aporta una atención muy especial a las raíces de las personas, a sus vínculos y a aquello que las puede ayudar a desplegar sus alas... [...] De la historia de cada familia mana un pozo de sabiduría; hay que ayudar a los jóvenes a verlo, llenar la mochila con los diamantes y ayudarles a dejar atrás aquellas situaciones que no les pertenecen. [...] Los vínculos son las arterias por donde circula toda la información, las emociones y las creencias. [...] A menudo también nos conectan con el desorden que existe en los sistemas y por eso necesitamos aprender a ordenarlos.[...] Aquí se expresa con una visión claramente sistémica : las raíces, la familia y la identidad de cada cual son los invitados de honor y traen regalos inesperados, permiten la emergencia de un campo de aprendizaje, de una red de saberes hecha de un hilo invisible por donde transitan el pasado, el presente y el futuro. Eso nos aporta una experiencia real, sentida, vivida de una educación que se dirige al ser completo que somos y abre el corazón de la escuela a todos los sistemas, contextos a los que pertenecemos sin excluir ninguno.[20]

A educação formal excluiu o mundo emocional e isso é um grave problema. As emoções são o veículo de conexão conosco e com os demais. Quando os vínculos são interrompidos, as patologias surgem. As relações são a ponte que faz a conexão.

Percebe-se, aqui, a importância do domínio de habilidades emocionais para a convivência e para a própria vida.

Por reconhecer a necessidade de os estudantes de diferentes cursos da área de saúde passarem por um processo terapêutico antes de atuarem profissionalmente, a autora deste livro criou e apresentou, em março de 2019, ao Departamento de Ciências da Vida – DCV/

---

[20] VILAGINÉS, M. T. **Pensar con el corazón sentir con la mente**. Recursos didáticos de educación emocional sistémica multidimensional. Barcelona: Editorial Octaedro S.L., 2016.

Uneb, um projeto de criação de um componente curricular optativo, baseado no método Hellinger, nos moldes do curso de extensão que a autora ministrava. O que motivou a criação dessa proposta foi a existência de um número elevado de pessoas, especialmente da área de saúde e em diferentes instituições, que apresentavam desânimo, depressão e tentativas de suicídio.

Stefan Howsner, médico alemão que viajava com Hellinger nos anos 80 e 90 pela Alemanha, reafirma que as causas de muitíssimas enfermidades, antes de se manifestarem psíquica ou fisicamente, estão nas famílias, nos processos de compensação entre os sistemas.

Outra razão foi a necessidade de orientá-los sobre o fato de que, ao dar atendimento individual, sem considerar o contexto ao qual pertence o paciente/enfermo/cliente, acontece naturalmente o processo de transferência e contratransferência – em linguagem freudiana –, o que não é admitido no método Hellinger, sob pena de ficarem, o profissional da saúde e o paciente, presos no mesmo espaço vincular, dificultando e inviabilizando a ajuda.

A presença dos pais, seja ela física, biológica, epigenética etc., precisa ser reconhecida, e é um pré-requisito fundamental para o êxito não apenas nas terapias sistêmicas, mas em qualquer outra.

Por outro lado, destacam-se, dentre as habilidades ou as sete inteligências citadas por Gardner,[21] a **inteligência interpessoal** e a **intrapessoal**, de grande importância do ponto de vista emocional. Esta última consiste no conhecimento, pela pessoa, dos próprios aspectos internos: ter acesso ao seu mundo interno, saber identificar e avaliar seus sentimentos, reconhecer suas emoções e saber lidar com elas – o autoconhecimento.

O livro *A inteligência emocional*, de Daniel Goleman,[22] mudou a visão que se tinha sobre a inteligência. O autor afirma que ter uma inteligência emocional significa ter as habilidades pessoais de identificar em si mesmo as emoções, ter a capacidade de regulá-las, transformá-las e saber motivar-se.

---

[21] VILAGINÉS, 2016, p.25.

[22] GOLEMAN, D. **Inteligência emocional.** 5. ed. Rio de Janeiro: Objetiva, 1995.

Reafirma-se, aqui, a importância de estender o olhar para a dimensão emocional. As constelações sistêmicas vêm ratificando as descobertas da Neurociência, principalmente no que tange ao componente emocional, uma vez que o modelo sistêmico prioriza as emoções para a eficácia do processo de recontextualização. Os denominados sentimentos primários são fundamentais nesse processo.

Hellinger classifica os *sentimentos primários* como as emoções que são fundamentais para o reconhecimento dos papéis que representam os componentes dos sistemas, a partir de suas dinâmicas que evidenciam nos conflitos as causas dos emaranhados sistêmicos.

Sentimentos secundários são criações racionais, interpretações sobre as próprias emoções, são uma forma de mascarar aquilo que causa sofrimento e estresse à pessoa e ao seu sistema.

São denominados *sentimentos adotados* as emoções herdadas por uma pessoa do seu sistema familiar. São emoções fortes, geralmente relacionadas a um familiar excluído.

E, finalmente, os *metassentimentos* são os sentimentos sem emoção, uma força concentrada. O conjunto de todos os metassentimentos é a sabedoria, unida à humildade e à força.

O ser humano é multidimensional, dotado das dimensões física, mental, emocional e espiritual. A precedência, desde sempre, das emoções em relação à racionalidade, é explicada por Paul MacLean, ao afirmar a existência de um cérebro reptiliano, inicial, como forma instintiva de sobrevivência, seguido do surgimento do cérebro límbico, origem das emoções, mamífero, quando o homem sentiu a necessidade de acasalar-se, viver em grupos, comunidades. O cérebro racional, localizado no neocórtex, foi o último a surgir. Esse ponto de vista é corroborado por Damasio.[23]

Cabe, aqui, citar o grande sociólogo e filósofo Edgar Morin,[24] para o qual a educação é um dos instrumentos mais poderosos nos processos de mudança dos nossos estilos de vida. Nesse sentido,

---

[23] DAMASIO, A.R. **El error de Descartes, la emoción, la razón y el cérebro humano.** Tradução de Joandomenec Ros. Barcelona: Editorial Destino, 2016.

[24] MORIN, E. **Los siete saberes necesarios para la educación del futuro.** Barcelona: Paidós, 2002.

expõe problemas que são ignorados ou esquecidos e cujo conhecimento é necessário à educação do terceiro milênio. Cita *sete saberes* que denomina como fundamentais para situar a condição humana:

1.1 As cegueiras do conhecimento: o erro e a ilusão

"La educación permanece ciega ante lo que es el conocimiento humano, ante el error y la ilusión y no se preocupa de dar a conocer lo que es conocer".[25]

Morin afirma que é necessário introduzir e desenvolver na educação o estudo das características cerebrais, mentais e culturais do conhecimento humano e de seus processos. Assevera que

> [...] en el mundo mamífero, y sobre todo en el mundo humano, el desarrollo de la inteligência es inseparable del de la afectividad, es decir, de la curiosidad, de la pasión, que son, a su vez, fruto de la capacidad de la investigación filosófica o científica. La afectividad puede asfixiar el conocimiento, pero también puede fortalecerlo. Existe una estrecha relación entre la inteligência y la afectividad: la facultad de razonamiento puede verse disminuida y hasta destruída por un déficit de emoción; un debilitamiento de la capacidade para reaccionar emocionalmente puede llegar a ser la causa de comportamentos irracionales. [...] Así pues, no hay un estado superior de la razón que domine la emoción sino um bucle *intellect-affect*; y, en ciertos aspectos la capacidad de emoción es indispensable para poner en práctica comportamentos racionales.[26]

Nesse aspecto, Morin refere-se às descobertas feitas por Damasio[27]em seus estudos de Neurociência, ao abordar a relação entre emoções e a razão. Professor de Neurociência, Neurologia e Psicologia da Universidade do Sul da Califórnia, diretor do Brain and

---

[25] MORIN, 2002. p. 20.

[26] *Ibidem*, p. 29. Grifos do autor.

[27] DAMASIO, *op. cit.*

Creativity Institute (Los Angeles), Antonio Damasio é membro do Instituto de Medicina da Academia Nacional de Ciências dos EUA, da Academia Europeia de Artes e Ciência e da Academia Americana de Artes e Ciência. Seus livros são muito vendidos e traduzidos para mais de 30 idiomas.

De acordo com esse pesquisador, que aborda, em seu livro *O erro de Descartes*, a relação entre as emoções e a razão, em determinadas ocasiões as emoções podem ser um substituto da razão. Ele refere-se ao medo, programa de ação emocional que consegue manter a maior parte de seres humanos fora de perigo rapidamente e sem nenhuma ajuda da razão. Afirma também que, em determinadas situações, pensar demais pode ser menos vantajoso do que não pensar, e destaca o papel do funcionamento das emoções ao longo da evolução: elas permitem que os seres vivos reajam com inteligência sem ter que pensar de forma inteligente. Assevera, ainda, que a razão faz o mesmo que as emoções, porém o faz de maneira consciente.

Damasio explica, no citado livro, como as espécies complexas desenvolveram o sistema de raciocínio inteligente. Propõe que o sistema de raciocínio desenvolveu-se como extensão do sistema emocional automático pelo qual as emoções cumpriam diferentes funções no processo racional. Diz o autor que quando se excluem por completo as emoções do plano do raciocínio, a razão não é tão perfeita como quando as emoções interferem, mesmo que gerem conflitos em nossas decisões. Assim se expressa Damasio:

Crecí acostumbrado a pensar que los mecanismos de la razón existian en una región distinta de la mente, donde no debía permitirse que la emoción se entrometiera, y cuando pensaba en el cerebro que había detrás de esta mente imaginaba sistemas neurales separados para la razón y la emoción. […] Pero ahora tenía ante mis ojos al ser humano más frío, menos emocional y más inteligente que uno pueda imaginarse y, sin embargo, su razón práctica estaba tan deteriorada que producía, en los extravios de la vida cotidiana, una sucesión de errores, una violación perpetua de lo que se consideraria socialmente apropiado y personalmente ventajoso. Había poseído uma mente completamente sana hasta que una enfermedad neurológica dañó um sector concreto de su cerebro y, de um día para outro, provocó este profundo defecto en la toma de decisiones. poseía intactos los instrumentos que generalmente se consideraban necessários para el comportamento racional: tenía el conocimiento, la atención y la memoria necessários; su lenguaje era impecable; podia efectuar cálculos[…]. Sólo existia un complemento significativo a su fracasso en la toma de decisiones: una notória alteración de la capacidade de experimentar sentimentos. La razón defectuosa y los sentimientos menoscabados aparecían juntos como consecuencia de uma lesión cerebral específica, y esta correlación me sugirió que el sentimiento era un componente integral de la maquinaria de la razón. […]tal vez la razón no sea tan pura como la mayoría de nosotros pensamos o desearíamos que fuera, que puede que las emociones y los sentimientos no sean em absoluto intrusos en el bastión de la razón: pueden hallarse enmallados en sus redes, para lo peor y también para lo mejor. Probablemente, las estratégias de la razón humana no se desarrollaron, ni en la evolución ni en ninguún individuo aislado, sin la fuerza encauzadora de los mecanismos de la regulación biológica, de los que la emoción y el sentimiento son expresiones notables. […] Esto no significa que las emociones y los senti-

> mentos no puedan causar estragos en los procesos de razonamientos en determinadas circunstancias.[...] es incluso más sorprendente y nuevo que la ausencia de emoción y sentimiento sea no menos perjudicial, no menos capaz de comprometer la racionalidad que nos hace distintivamente humanos y nos permite decidir en consonancia con un sentido de futuro personal, convención social y princípio moral. [...] sugiero que determinados aspectos del proceso de la emoción y del sentimiento son indispensables para la racionalidad.[28]

1.2 Os princípios de um conhecimento pertinente

Para Morin, é necessária uma reforma do pensamento para perceber e conceber o contexto, o global – a relação todo/partes –, o multidimensional e o complexo. Falta o conhecimento capaz de abordar os problemas globais e fundamentais, ao qual se acrescentam conhecimentos parciais locais.

Com uma visão sistêmica, afirma que a supremacia de um conhecimento fragmentado, tal como ocorre com as disciplinas, impede o vínculo entre as partes e as totalidades, e deve dar lugar a um conhecimento capaz de apreender os objetos dentro de seus contextos, sua complexidade e seus conjuntos. Diz, ainda, ser necessário ensinar métodos que permitam apreender as relações mútuas e as influências recíprocas entre as partes e o todo em um mundo complexo.

> La educación del futuro se ve confrontada a este problema universal, ya que existe una inadecuación cada vez más amplia, profunda y grave entre, por un lado, nuestros saberes desarticulados, parcelados y compartimentados y, por el otro, las realidades o problemas cada vez más polidisciplinarios, transver-

---

[28] DAMASIO, 1995, p. 16; 21; 22.

sales, multidimensionales, transnacionales, globales, planetários.[29]

Essa inadequação torna invisíveis o contexto, o global, o multidimensional e o complexo. Para que um conhecimento seja pertinente, a educação deve evidenciar:

a) O contexto – é necessário situar dados e informações em seu contexto para que tenham sentido. Morin cita Claude Bastien, para o qual

> [...] la evolución cognitiva no se dirige hacia la elaboración de conocimientos cada vez más abstractos, sino ao contrário, hacia su contextualización...Bastien afirma que 'a contextualização é uma condição essencial da eficácia (do funcionamento cognitivo)'[30]

b) O global (a relação entre o todo e as partes)

Afirma a virtude cognitiva do princípio de Pascal, que deve inspirar a educação do futuro:

> siendo todas las cosas causadas y causantes, ayudadas y ayudantes, mediatas e inmediatas, e todas sostenidas por una unión natural que liga a las más alejadas y las más diferentes, considero imposible conocer las partes sin conocer el todo, como tampoco conocer el todo sin conocer particularmente las partes.[31]

c) O multidimensional – as unidades complexas, como o ser humano ou a sociedade, são multidimensionais. O ser humano é, ao mesmo tempo, biológico, psíquico, social, afetivo e racional. A sociedade possui dimensões históricas, econômicas, sociológicas e religiosas. Desse modo, o autor afirma que o conhecimento pertinente deve reconhecer essa multidimensionalidade e inserir nelas suas informações.

---

[29] MORIN, 2002, p.48.

[30] MORIN, E. El contexto. *In:* MORIN, E. **Los siete saberes necesarios para la educación del futuro.** Barcelona: Paidós, 2002. p. 48-9.

[31] PASCAL. **Pensamientos.** Paris, Garnier-Flammarion: Ed. Léon Grunschwicg, 1976.

d) O complexo – define o termo *Complexus* como o que foi tecido junto. Assim, há complexidade quando são inseparáveis os diferentes elementos que formam um todo (por exemplo, o econômico, o político, o sociológico, o psicológico, o afetivo ou o mitológico). A complexidade é a união entre a unidade e a multiplicidade. Assim, a educação deve promover uma "inteligência geral" capaz de referir-se, de maneira multidimensional, ao complexo, ao contexto, dentro de uma concepção global.

1.3 Ensinar a condição humana

Morin reafirma que o ser humano é, ao mesmo tempo, físico, biológico, psíquico, cultural, social e histórico. Por essa unidade complexa da natureza humana estar completamente desintegrada na educação, por meio das disciplinas, é impossível aprender o que significa ser humano. O autor propõe, então, urgência na restauração dessa unidade complexa da natureza humana para que cada um de nós, onde esteja, tenha consciência da sua identidade complexa e da sua identidade comum a todos os outros seres humanos. E assevera que **a condição humana deve ser objeto essencial de qualquer ensino.**[32]

> Aquí se plantea un problema epistemológico: es imposible concebir la unidad compleja del lo humano por médio del pensamento disyuntivo, que concibe nuestra humanidad de manera insular, fuera del cosmos que lo rodea, de la matéria física y del espíritu del que estamos constituídos, así como por el pensamiento reductor que rebaja la unidad humana a un sustrato puramente bioanatómico. Las mismas ciências humanas están divididas y compartimentadas.[...] De ahí la necesidad, para la educación del futuro, de una gran concentración de los conocimientos resultantes de las ciências naturales [...] de las ciências humanas...de integrar la aportación inestimable de las humanidades , no

---

[32] Grifos meus.

> solamente de la filosofia y la historia, sino también de la literatura, la poesia y las artes...[33]

Ele afirma ser importante reconhecermos nossa condição cósmica, física, terrestre e humana. Reconhecer que fazemos parte de um imenso cosmos formado de bilhões de galáxias e de estrelas e que nosso planeta é um ponto que gira ao redor do Sol em uma pequena galáxia é parte importante na nossa contextualização.

O autor descreve a nossa condição física explicando que, sobre esta terra, de forma termodinâmica, organizou-se a substância física. Pela ação do mar, a preparação química ou as descargas elétricas surgiu a vida, e esta é solar: todos os seus componentes foram criados em um sol.

A condição terrestre se manifesta pelo fato de a Terra ter se constituído em um complexo biofísico quando se desenvolveu sua biosfera, o que nos faz seres cósmicos e terrestres. Assim, é preciso que reconheçamos nossa identidade terrestre de caráter físico e biológico, já que dependemos vitalmente da biosfera terrestre.

Para Morin, é fundamental que a educação do futuro se centre na condição humana. Para conhecer o humano é necessário situá-lo no Universo, contextualizá-lo para que ele saiba quem é, onde está, para onde vai, ou seja, conhecer sua situação no mundo.

> Somos resultado del Cosmos, de la Naturaleza, de la vida, pero debido a nuestra misma humanidad, a nuestra cultura, a nuestra mente y a nuestra consciencia, nos hemos vuelto extraños a este cosmos que nos es secretamente íntimo. Nuestro pensamiento y nuestra consciencia, que nos permiten conocer este mundo físico, nos alejan en la misma medida de él. El hecho mismo de considerar racional y cientificamente el universo nos separa de él. [...] Como si se tratase de un punto de um holograma, llevamos en el seno de nuestra singularidad no solamente toda la humanidad, toda la vida, sino también casi todo

---

[33] MORIN, 2001, p. 64-65.

el Cosmos, incluyendo su misterio que subyace en
el fondo de la naturaleza humana. [34]

1.4 Ensinar a identidade terrestre

Morin refere-se ao problema da mundialização, característica da atual fase do planeta, o que dificulta ao ser humano compreendê-lo. Ele afirma que as telecomunicações, a informação e a internet, ao nos trazerem a complexidade do mundo, inviabiliza nossa capacidade de compreendê-lo. E assevera que a era planetária exige pensar a globalidade, a relação do todo com as partes, sua multidimensionalidade e sua complexidade, que é a reforma de pensamento necessária para conceber o contexto, o global, o multidimensional e o complexo.[35]

1.5 Enfrentar as incertezas

O antropólogo refere-se ao reconhecimento, no século XX, da imprevisibilidade do futuro e de que a história humana foi e continua sendo uma aventura desconhecida.

Refere-se às inovações, às criações, mas, também, às destruições que surgem de novos desenvolvimentos na história do Planeta. Exemplifica com os avanços da técnica e da indústria, que destruíram as civilizações tradicionais e afirma a necessidade de aprender a enfrentar a incerteza, já que vivemos uma época de transformação de valores ambivalentes na qual tudo está conectado. O autor refere-se à complexidade dos problemas e ao estado violento do planeta e lembra que, ainda que solidários, os humanos continuam sendo inimigos entre si, envolvendo o ódio entre raças, religiões e ideologias, o que gera guerras e massacres.

No que se refere à incerteza do real, diz o autor:

---

[34] *Ibidem*, p.67.
[35] *Ibidem*, p. 84-85.

> La realidad no es legible de manera evidente. Las ideas y las teorias no reflejan sino que traducen la realidade, pudiendo traducirla de manera errónea. Nuestra realidad no es outra cosa que nuestra idea de la realidade. [...] lo que conviene es ser realista en el sentido complejo del término: compreender la incertidumbre de lo real, saber que existe una porción de lo posible aún invisible en lo real[36]

1.6 Ensinar a compreensão

Segundo Morin, o problema da compreensão tornou-se crucial para os seres humanos e por isso deve ser uma das finalidades da educação para o futuro conscientizar a todos de que:

> La situación sobre nuestra Tierra es paradójica. Las interdependencias se han multiplicado. Los seres humanos se sienten ligados por la consciencia de ser solidários con su vida y con su muerte. La comunicación triunfa: el planeta está atravesado por redes, faxes, teléfonos móviles, modems, internet. Y, sin embargo, la incomprensión sigue siendo generalizada. Sin duda há habido grandes y múltiples avances en el terreno de la comprensión, pero los avances de la incomprensión parecen mayores si cabe.[37]

O autor afirma que educar para compreender matemáticas ou outra disciplina é uma coisa, porém, educar para compreender as demais pessoas é diferente, assim como é missão espiritual da educação ensinar as pessoas a se compreenderem como condição e garantia da solidariedade intelectual e moral da humanidade.

O autor refere-se a **dois tipos de compreensão: a intelectual/ objetiva e a compreensão humana intersubjetiva.**[38] Ele define o termo *compreender* do ponto de vista intelectual: *com-prehendere* –

---

[36] MORIN, E. **Los siete saberes necesarios para la educación del futuro.** Barcelona: Paidós, 2002, p.115-6.

[37] *Ibidem*, p.127.

[38] Grifos meus.

captar em conjunto (texto e contexto, as partes e o todo); destaca que a compreensão intelectual envolve a inteligibilidade e a explicação, ao passo que a compreensão humana se superpõe, vai além da explicação. Uma educação para lidar com os obstáculos à compreensão é, segundo o autor, algo urgente.

A compreensão não desculpa nem acusa; evita que o ser humano condene categoricamente, como se ele próprio nunca tivesse cometido erros. Afirma ser a compreensão antes da condenação uma via de humanização das relações humanas. Assim, destaca a importância da consciência da complexidade humana.

O autor afirma que se pode extrair das novelas e filmes cinematográficos a consciência de que não se deve reduzir um ser a sua parte débil ou ao seu pior passado, nem fixar a ideia de criminoso àquele que cometeu um crime, reduzindo os outros aspectos de sua vida a esse único traço. Assim, é possível ver como um criminoso pode se transformar e se redimir. Desse modo, pode-se, pela compaixão pelo sofrimento, chegar à verdadeira compreensão.

Refere-se a vários graus de tolerância que nos cabe interiorizar: a) o respeito ao direito do outro a expressar opinião; b) respeitar, pelo princípio democrático, a expressão de ideias antagônicas às suas etc... Para Morin, o planeta necessita de compreensões mútuas em todos os sentidos. Dessa forma, devido à importância da educação para a compreensão em todos os níveis educativos, para que haja o desenvolvimento da compreensão é necessária uma reforma planetária das mentalidades.[39]

1.7 A ética do gênero humano

Morin afirma que os indivíduos são mais do que o produto do processo reprodutor da espécie humana, mas esse mesmo processo é reproduzido pelos indivíduos de cada geração. Essa referência

---

[39] *Ibidem*, p.143.

do autor reafirma a visão sistêmica e construtivista de Maturana,[40] neurobiólogo que percebeu o fechamento dos sistemas vivos em redes circulares de produções moleculares, em que as moléculas produzidas com suas interações constituem a mesma rede que as produziu. Concluiu Maturana, desse modo, que os seres vivos são "máquinas" com capacidade de reproduzir-se, o que os torna diferentes dos demais.

A ética indivíduo-espécie necessita do controle do indivíduo pela sociedade e desta pelo indivíduo. A ética deve formar-se na mente pela aquisição de uma consciência de que o ser humano é parte de uma sociedade e de uma espécie. Por isso o controle do indivíduo à sociedade e da sociedade ao indivíduo deve pautar-se na democracia, a partir de uma visão de mundo como uma comunidade planetária. **O papel da educação é fundamental para a aquisição de uma consciência do planeta como Terra Pátria de todos.**[41]

---

[40] MATURANA, H. R. Autopoiesis. *In:* ZELENY, M. (ed.). **Autopoiesis:** a theory of the living organization. Boulder: Westview Press, 1981.

[41] Grifos meus.

2

BREVE RELATO DE UMA EXPERIÊNCIA DOCENTE

Desde o início das minhas atividades acadêmicas, em 1984, que sentia, paralelo à essência analítica que sempre me caracterizou, uma tendência à criatividade, até mesmo nas disciplinas mais "áridas", como as de metalinguagem gramatical, por exemplo, as estruturas sintática e semântica, entre outras.

À medida que o tempo passava e ao migrar do curso de Letras para os de Urbanismo, Análise de Sistemas, Design Industrial, Pedagogia etc., para lecionar disciplinas da área de comunicação, já adquiria um olhar mais amplo para a exploração de diferentes aspectos que me permitiam a prática docente criativa de textos no sentido mais lato possível.

Ao colaborar por diversas vezes na Unidade de Alagoinhas (campus II), com o componente curricular "Laboratório de Expressão Oral", pude explorar maximamente as habilidades dos alunos e ver como se entregavam à criatividade, à improvisação e à representação teatral de temas de livre escolha, apaixonadamente. O mesmo pude perceber em diferentes cursos – Leitura e Produção Textual, no curso de Pedagogia; Comunicação e Expressão no de Sistemas de Informação; Comunicação Organizacional no de Administração de Empresas, inclusive em outras universidades.

A partir do momento em que o(a) aluno(a) recebe a responsabilidade de cumprir uma tarefa ativa, isso o(a) inquieta e o(a) motiva a vencer o desafio; alguns com protagonismo, por terem uma predisposição a expor-se publicamente; outros nervosamente, por terem limitações evidentes e oriundas de condicionamentos familiares, como casos de fobias suaves e/ou graves.

Tenho a felicidade de afirmar que consegui levar alguns alunos a superarem fobias de infância, por meio do trabalho criativo e do estímulo/motivação que recebiam. Às cenas de abandono do "palco" – espaço localizado, em geral, à frente da mesa reservada ao professor – se superpunham novas cenas de vitórias sobre o medo, da credibilidade que eu depositava em cada um(a) deles(as).

Ao final do semestre, os trabalhos em grupo, na maioria, eram surpreendentes e gratificantes! Foi assim na então Faculdade de Santo Antônio de Jesus, Unidade querida, onde lecionei por 10 anos, Campus V – Santo Antonio de Jesus; no Campus II – Alagoinhas – na Unifacs –, nos cursos de Administração de Empresas, de Design de Interiores etc.; e continua sendo nos cursos da área de saúde – bacharelados em Nutrição, Medicina, Fonoaudiologia e Enfermagem –, por meio do componente curricular "Comunicação em Saúde", que ministro para o Departamento de Ciências da Vida (DCV)/Uneb, Campus I.

A adoção de técnicas que permitam a criatividade verbal e não verbal do(a) aluno(a) o(a) ajuda, sobremodo, não apenas a atingir suas metas nos cursos que faz, mas o(a) prepara para suas profissões e para a vida.

O efeito que a minha formação como musicoterapeuta e como terapeuta sistêmica agregou às minhas práticas acadêmicas tem sido bastante positivo, pela motivação aos integrantes das turmas, levando-os, paralelamente, ao estudo dirigido e à produção de textos em grupos, além da improvisação, da criatividade e do trabalho com o corpo, instrumento maior de expressão. Ao final, eles sempre me surpreendem com excelentes apresentações e, mais importante, demonstram a assimilação dos temas e dos objetivos do componente curricular que leciono.

Não é raro encontrar, nos anos seguintes, ex-alunos(as), muitas vezes já próximos de colarem grau, que me dizem ter aplicado algumas das técnicas que fazíamos nas aulas práticas em seus estágios e também com familiares convalescentes, como o trabalho com a respiração, relaxamento e outros movimentos, cujos resultados foram muito proveitosos.

Por meio do componente curricular "Comunicação em Saúde", que ministro, atualmente, nos cursos de graduação (Saúde), na Uneb, aplico os princípios básicos da comunicação dialógica, segundo Paulo Freire, os quais respeitam os saberes prévios, ao mesmo tempo em que adoto os princípios humanistas da universalidade, da integralidade e da equidade, que integram o Sistema Único de Saúde (SUS), com o fim de preparar os estudantes para atuarem com base em tais princípios.

Ministro aulas teóricas e metodologias ativas, nas quais cada aluno, em seus grupos, aplica o teórico apreendido, e também há a aula na qual trabalhamos com a criatividade narrativa, artística, verbal e/ou musical, sempre contextualizando-os em seus sistemas familiares e profissionais.

Mais recentemente, tenho trabalhado com textos que incluem o estudo do emocional, trazendo algo de terapêutico – tão necessário – para a formação dos profissionais de saúde.

É animador ver o reconhecimento, por tradicionais e competentes centros de pesquisa, como o Instituto de Ensino e Pesquisa Hospital Sírio Libanês (IEP/HSL) e o Programa de Pós-Graduação em Gestão da Clínica da Universidade Federal de São Carlos - SP, da importância do trabalho com as emoções numa perspectiva construtivista, para permitir, pela mediação emocional, uma melhor compreensão do processo de aprendizagem e contribuir para o desenvolvimento e competência dos profissionais da saúde.

Os pesquisadores[42] justificam a inclusão das emoções no processo de aprendizagem, citando Piaget, para o qual o desenvolvimento afetivo-emocional se dá concomitantemente ao desenvolvimento cognitivo; citam, também, Damásio e Goleman, já aqui referenciados, os quais estudaram profundamente as emoções como um compo-

---

[42] MOURTHÉ Jr., C.A.; LIMA, V. V.; PADILHA, R. de Q. Integrando emoções e racionalidades para o desenvolvimento de competência nas metodologias ativas de aprendizagem. **Revista Interface, Comunicação, Saúde, Educação**, Botucatu, v.22, n. 65, 2018.

nente fundamental para o ensino-aprendizagem. Referem-se, ainda, a Maturana, que critica a supervalorização do racional em detrimento do emocional, e tratam da teoria da complexidade, de Edgar Morin. Eles ratificam as palavras de Morin sobre a complexidade social e humana – sua multidimensionalidade –, "que permite articular disciplinas e dimensões de um modo mais sistêmico e holístico, tratando aspectos aparentemente antagônicos de um determinado fenômeno como complementares".[43]

É profundamente gratificante ver, finalmente, o mundo acadêmico ampliar seu olhar para a significativa contribuição das artes – desde a sétima arte, o cinema, a literatura até às atividades criativas, como a sensopercepção, dramatizações, dança e música – na área de saúde.

Em mais um trabalho de pesquisa publicado pela revista *Interface*,[44] suas autoras enfocam o estudo das emoções e sua preponderância na atividade do médico, comprovando a influência de emoções na relação médico-paciente, mas afirmando não existirem estudos sobre a dificuldade dos médicos em lidar com suas emoções. Elas alertam para o risco da negação de emoções e citam Michael Balint, que pesquisou, na teoria e na prática, a influência do médico na relação com o paciente e propôs conscientizar a classe médica para os efeitos da transferência e da contratransferência, inerentes a toda relação no campo da saúde.

Elas apresentam a visão tradicional segundo a qual as emoções são vistas como negativas e a objetividade deve orientar a tomada de decisões, livre da emocionalidade. Em seguida, citam Damásio[45] que, com base na Neurociência, afirma ser o componente emocional um importante desencadeante dos processos cognitivos nas tomadas de decisões.

---

[43] *Idem.*

[44] CASTELHANO, L.; WAHBA, L. O discurso médico sobre as emoções vivenciadas na interação com o paciente: contribuições para a prática clínica. **Interface**, Botucatu, v. 23, 16 jan. 2019.

[45] DAMASIO, *op. cit.*

A problemática dos cursos na área de Saúde – grande número de horas dedicadas ao estudo teórico de diferentes disciplinas e consequente escassez de tempo livre para o trabalho criativo, ou seja, aquele que se faz pela exploração do hemisfério direito do cérebro, o nível de exigência de cada componente curricular e outros – constitui-se em desafio que leva muitos alunos a adoecerem. O fantasma da depressão e do suicídio ameaça os cursos da área de Saúde de várias universidades brasileiras nesses tempos de pouco tempo disponível e muitas responsabilidades, mas, principalmente, devido ao dar-se conta e da vivência da desordem e/ou fragmentação familiar.

Sabemos que não são apenas as causas arroladas de tais problemas. É impossível ignorar o peso dos conflitos, principalmente familiares, e sociais também, como intervenientes na saúde/doença do(a) aluno(a). O enfoque sistêmico da nova Pedagogia – a Pedagogia Sistêmica – permite contemplar e integrar a realidade educativa a partir de outro ponto de vista: cada criança é parte de um todo, ao qual se vincula, em função de sua experiência em relação às suas primeiras vinculações e suas implicações sistêmicas transgeracionais. Essas primeiras experiências estão condicionadas pelos sistemas familiares, sociais, culturais e históricos aos quais pertence e nos quais ela cresce.

Todos nós temos um lugar de referência e de pertinência no mundo pelo psicogrupo gerado e o vínculo com membros desse sistema determina o contexto afetivo no qual cada um se desenvolverá, perceberá e olhará o mundo, e o movimento se fará a partir desse vínculo. A referência determina nosso autoconceito e a experiência da pertinência é importante para a autoestima.[46]

Ao adquirirmos uma visão sistêmica nos aproximamos de uma consciência pessoal mais profunda de como é nossa relação com o mundo para entendermos como nos movemos por ele.

Antes de atuar em qualquer área da saúde, o(a) futuro(a) profissional precisa terapeutizar-se, liberar os bloqueios – medos, culpas, dores possivelmente cristalizadas na criança interna ferida

---

[46] MASLOW, 1968.

– que limitam suas ações ou impedem o seu desenvolvimento. O falar em público, o interagir e/ou usar técnicas criativas é o começo desse processo liberador. São muitas as experiências vivenciadas por ex-alunos(as) que evidenciam o entrave na sua capacidade de expressar-se plenamente verbal e corporalmente. Repito, são vários os casos de fobias superados com a vontade individual do aluno(a) agregada ao estímulo grupal, resultando em belos trabalhos!

Mais adiante falarei sobre a visão sistêmica, que nos ajuda a entender como pertencemos, que lugar ocupamos e o que intercambiamos nos sistemas.

3

O MODELO SISTÊMICO-FENOMENOLÓGICO

A base da prática realizada no Grupo de Desenvolvimento Humano (GDH)/Uneb é o paradigma das Constelações Sistêmicas – modelo fenomenológico – e Intervenção Sistêmica Contextual. É a aplicação à família, às organizações e à educação formal do modelo sistêmico criado por Bert Hellinger para identificar, em cada sistema, as causas dos conflitos e viabilizar a solução.

A Terapia Familiar Sistêmica surgiu nos anos 50, em Palo Alto, na Califórnia (EUA), com pesquisadores do Instituto de Pesquisa Mental (MRI) – Gregory Bateson, Watzlavik, Beavin etc. –, que buscavam entender a origem da esquizofrenia.

Sistema pode ser definido como uma composição de elementos em um corpo unificado. A teoria sistêmica aplicada à família afirma que esta, como um todo, comporta-se diferentemente da soma dos seus membros. Caso ocorra qualquer alteração em algum dos elementos do sistema, todo o sistema é alterado. Assim, o comportamento de alguém em uma família é dependente do comportamento dos outros membros, já que a influência entre tais membros é recíproca.

A homeostase é um processo de autorregulação inerente a todo e qualquer sistema. Percebe-se a homeostase familiar quando, ao cuidar de um paciente, nota-se o quanto as mudanças no indivíduo geram mudanças em todo o sistema familiar.

Desde os anos 60, autores e estudiosos da Terapia Familiar estadunidenses diziam que já não cabia responsabilizar-se apenas o indivíduo pela sua cura, mas considerá-lo como o representante de uma patologia familiar, que também deve ser tratada. A partir daí a

Psicoterapia Familiar vem se desenvolvendo substancialmente. O conceito de inconsciente familiar está presente na obra de Carl Jung.

Boechat[47] reconhece a conexão entre certas patologias individuais e a história do inconsciente familiar de seus clientes, bem como quanto é necessário compreender o indivíduo dentro do seu contexto familiar. A autora ressalta que o pensamento jungueano e o pensamento sistêmico se complementam.

A metodologia fenomenológica implica em dar conhecimento e trabalhar a experiência pessoal dos participantes na área Sistêmico-fenomenológica. Nesse sentido, trabalha-se com o que surge no contexto, explorando-se a experiência vinculativa de cada participante a partir de diferentes ângulos, práticas e ferramentas.

Como pertenço? A partir de que lugar? Como me vinculo? Como me relaciono? A partir de que implicação sistêmica profunda? Isso tem a ver com o papel de cada pessoa na infância. É importante conhecer a posição "pessoal" de cada um dentro do sistema. Pelo lugar que se ocupa no espaço familiar, desde a infância, cria-se um filtro do qual se percebe o mundo e os demais.

Essas referências e pertinências geram condicionamentos que constituem as bases dos vínculos por meio da ordem ou da desordem afetiva compensatória acionada pelo "amor cego" da infância.

Não é possível entender o que ocorre hoje se não se entende os contextos anteriores e o que aconteceu. Porém isso não ocorre como fato isolado, mas como experiências e memórias vividas e integradas pelos vínculos pessoais.

Peter Bourquin tenta explicar o que se cura em uma constelação:

> [...] é o fato de que se permita à pessoa ter, frente a si mesmo, uma imagem diferente da que, durante muito tempo teve, no que diz respeito a acontecimentos de sua própria vida. Nas constelações emerge a desordem instalada no sistema familiar e, a partir dele, pode-se trabalhar na direção de uma nova imagem, mais ampla e autenticamente

---

[47] BOECHAT, P. **Terapia familiar:** mitos, símbolos e arquétipos. Rio de Janeiro: Wak Ed., 2005.

> amorosa, que permita a essa pessoa tomar em seu coração uma nova leitura das circunstâncias de sua vida. Na constelação trata-se de fazer visíveis antigas verdades e novas possibilidades. [48]

Para Bourquin, é a mudança das imagens internas que tem efeito sanador. Afirma, ainda, que um aspecto sanador das constelações é que não se julga nenhum membro do sistema familiar e que se aceita tudo tal como é e foi.

A tarefa do terapeuta é criar um campo onde possa acontecer a autossanação do cliente. Quando o cliente consegue, em sua alma, dizer "sim" às suas raízes e ao seu passado, a pessoa ganha mais liberdade para viver o presente.

A visão sistêmica na educação formal trata da educação emocional do aluno e do professor, basicamente, e da recontextualização dos demais integrantes do sistema educacional. A Pedagogia Sistêmica – aplicação do método Hellinger nas escolas, por Angélica Olvera (México), Marianne Frank (Alemanha) – reconhece as leis sistêmicas, propõe ao educador reconciliar-se com sua história familiar, criar vínculos de confiança mútua com as famílias do alunado, transmitir a essas famílias a importância da ordem que ocupa cada componente e, assim, levar à contextualização exata do aluno em classe. Tudo isso com o apoio e a confiança entre família e docentes, o que facilita o processo de ensino-aprendizagem.

---

[48] BOURQUIN, P. **Las constelaciones familiares.** En resonancia con la vida. 12. ed. Bilbao: Editorial Desclée de Brouwer S.A, 2014, p. 146.

4

O PIONEIRISMO DA UNIVERSIDADE DO ESTADO DA BAHIA NA OFERTA DAS PRÁTICAS EM CONSTELAÇÃO FAMILIAR E INTERVENÇÃO SISTÊMICA CONTEXTUAL

São vários os efeitos e benefícios das CFS nos Grupos de Desenvolvimento Humano por mim criados e aos quais elas têm sido aplicadas, sendo eles relatados pelos beneficiados e evidenciados por todos os que participam da prática.

A prática das Constelações Familiares vem, desde o ano de 2011, trazendo benefícios aos diferentes públicos: interno e externo à Universidade do Estado da Bahia (Uneb), repercutindo na melhora da qualidade de vida de todos os participantes em seus contextos, famílias, escolas, faculdades, organizações hospitalares, serviço social etc.

Essa prática vem fomentando as mudanças internas do aluno e em suas relações familiares, profissionais e sociais. Esses efeitos e benefícios estão registrados em fichas preenchidas por cada aluno(a), bem como são expressos a cada nova semana durante o curso/prática. O mesmo ocorre com meus clientes privados que, após uma constelação, sentem intensamente o processo da mudança interna e o seu reflexo em suas relações.

Meus objetivos ao criar o Curso de Extensão em Intervenção Sistêmica Contextual (C.F., segundo Bert Hellinger), foram e são:

- beneficiar todos os participantes do GDH nos âmbitos individual, familiar, organizacional etc.;

- dar a conhecer as Constelações Sistêmicas a estudantes e profissionais de diferentes áreas, o que significa mudar a perspectiva, levá-los a ver sistemicamente, especialmente por meio de uma instituição acadêmica que vem se destacando por seu caráter social e inclusivo;

- disseminar o método das constelações sistêmicas no contexto brasileiro como recurso para viabilizar a mudança positiva no que tange às relações familiares, afetivas e profissionais de diferentes áreas sociais etc.;

São muitos os benefícios do método terapêutico das Constelações Familiares Sistêmicas:

• Nos hospitais, em especial, e em atividades de grupo, evita que os profissionais da saúde e outros projetem em seu público-alvo as experiências familiares que geram conflitos.

• O trabalho com constelações familiares tem a vantagem evidente, em relação a algumas psicoterapias ou filosofias aplicadas, de permitir obter-se, em pouquíssimo tempo, uma série de informações sobre um sistema familiar, as quais levam aquele que configura seu sistema a perceber com clareza seu lugar no próprio sistema.

• Os efeitos do método vêm sendo imediatamente percebidos por todos e a eficácia é comprovada com o fluir do processo no tempo, pelas mudanças de comportamento relacional.

• Nos contextos do trabalho social, o método é de extrema pertinência e vantagem por evidenciar e envolver, pela experiência, os membros desgarrados do seu sistema de origem, fazendo-os acessarem o amor filial e/ou maternal/paternal esquecido e desviado pela desordem familiar e consequente disfunção dos seus membros. A recontextualização de tais membros gera novas relações a partir da retomada dos vínculos de origem.

• Entre estudantes e profissionais da saúde, o método Hellinger contribui indubitavelmente, evitando a projeção, nos pacientes, de problemas pessoais e familiares – a chamada "transferência" e a "contratransferência", e liberando, em muitos casos, pessoas de processos depressivos etc.

• A aplicação desse método em educação, pela Pedagogia Sistêmica, tem sido de grande eficácia na Espanha e no México, na resolução de problemas e no processo de ensino-aprendizagem, graças ao trabalho de professores, pais e estudantes.

A Universidade do Estado da Bahia (Uneb) é, se não a primeira, uma das primeiras universidades públicas brasileiras a oferecer curso de extensão gratuito em Constelações Sistêmicas – grupos iniciados em 2011 – e se manterá com o diferencial de ser a pioneira no Brasil.

O Grupo de Desenvolvimento Humano – prática de Extensão Continuada em Intervenção Sistêmica Contextual – Constelação Familiar – criado por mim já atua desde 2011, tendo concluído a 14ª turma em dezembro de 2019. O curso/prática, com carga horária de 40 horas, é oferecido semestralmente.

O Grupo de Desenvolvimento Humano no qual é ministrado o curso/prática vem atraindo um amplo e diversificado público, já que se trata de um método de grande poder de inclusão e reconciliação, cujos efeitos são facilmente perceptíveis e de grande extensão.

5

FATOS E EFEITOS DAS PRÁTICAS REALIZADAS NOS DIFERENTES GRUPOS DE DESENVOLVIMENTO HUMANO (GDH) – UNEB E DE CLIENTES

É importante o relato de fatos e efeitos das práticas realizadas com os grupos referidos em diferentes semestres e anos letivos.

Do primeiro grupo (2011) participaram alunos dos cursos de Enfermagem, Fonoaudiologia e Pedagogia. Ao realizar uma constelação para uma das alunas, chamou-me a atenção a forma como ela se punha frente à mãe, com expressão de preocupação e subordinação total, como que esperando uma ordem dela.

Concluído o curso, essa aluna foi convidada por mim a participar do próximo grupo de CFS, porém ela recusou, alegando estar sem tempo devido às exigências do seu curso de graduação. Ela, por outro lado, mostrava-se animada e tinha planos de fazer intercâmbio para estudos nos Estados Unidos, projeto do qual participei ao preencher fichas que atestavam seu bom desempenho na disciplina que ministrei quando ela ainda era minha aluna.

Foi um grande susto e pesar saber, meses depois, quando almoçava com uma colega, que essa aluna acabava de falecer no hospital onde havia sido internada com anemia profunda; sua mãe não permitiu que lhe fizessem a transfusão de sangue porque era testemunha de Jeová e essa religião não permite tal procedimento. Percebi, então, a conexão entre o medo/dor e a subordinação expressos por ela na constelação frente a sua mãe. Hellinger diz e repete em vários livros que os filhos têm tanto amor aos pais – amor infantil – que se sacrificam por eles sem pestanejar.

No segundo grupo (2012) tive a oportunidade de comprovar a importância da ordem e a necessidade de assegurá-la para a continuidade do trabalho de ajuda aos participantes.

Talvez por não ter assimilado a seriedade do trabalho em constelação familiar e a importância da formação de três anos, necessária ao aprendizado e amadurecimento para atuar como profissional – *o que implica liberar-se dos pesos indevidos da família, trabalhar a aceitação dos membros da mesma e ocupar seu próprio lugar no seu sistema de origem* –, uma aluna formada em Psicologia, que afirmava ter experiência profissional de 15 anos, insistia para que eu atendesse um cliente seu em seu consultório e, assim, ela pudesse "aprender como fazer".

Expliquei-lhe a impossibilidade de atendê-la por várias razões: por só ministrar aulas daquele curso no qual ela estava matriculada – Extensão – no âmbito da Universidade; por levar em conta o que diz Hellinger no livro *As ordens da ajuda*, sobre o perigo da dupla supervisão, como também o fato de que o Curso de Extensão ministrado por mim não habilita os alunos a constelarem. Trata-se de uma prática para beneficiá-los e aos seus sistemas familiares respectivos e assim tem sido.

Muitos alunos desse grupo tornaram-se terapeutas, seguindo várias orientações de caráter terapêutico holístico. Afinal, o curso/ prática que ministramos visa não apenas a liberar a pessoa dos pesos – compromissos dolorosos que pertencem aos mais velhos do sistema –, mas também despertar nos participantes uma consciência sistêmica pela qual possa, a partir de sua contextualização, fortalecer-se na busca da sua essência para liberar-se da ilusão do ego.

Em outro grupo havia uma aluna que pediu para ser constelada. Apresentava-se deprimida. No desenrolar da constelação via-se claramente o apego dela ao irmão, vítima de homicídio. A profunda tristeza que sentia resultava da força do vínculo entre irmãos. Após a constelação, sentiu grande alívio e vontade de viver. Ao final do curso já expressava outra imagem, voltada para seus projetos, para a vida. Atualmente, essa ex-aluna e muitas outras trabalham na área de terapias holísticas.

Essa aluna, por perceber o efeito sistêmico de uma exclusão bem como o benefício de que ela passou a usufruir, inscreveu sua mãe no curso do grupo seguinte. A constelação da sua mãe, por sua vez, evidenciava o que veio a se confirmar: sua depressão por causa do filho assassinado – e a depressão da filha pré-adolescente, ou seja, sua neta. Foram trabalhadas as relações sistêmicas em conflito. Isso incluiu a relação da neta com sua mãe – vínculo crucial para a minimização do sofrimento da pré-adolescente.

Nesse grupo ainda ficou evidente a força transformadora da relação entre pais e filhos. Uma das participantes, que frequentemente chorava ao expressar-se, constelou sua relação com sua família de origem, afirmando que se sentia excluída dela porque sua mãe, divorciada, não lhe dava a atenção devida, mas às suas outras irmãs. Àquela época, essa aluna estava sem emprego, sem companheiro e tinha uma filha pequena, com quem vivia. Sua constelação demonstrou uma mãe compassiva e amorosa diante dela que, ao assumir com humildade e aceitação a mãe tal como era, fez renascer o amor do vínculo, então renovado e fortalecido.

A aluna sentiu-se emocionalmente tão bem que queria fazer outra constelação, na semana seguinte, porque estava vivendo algo novo. Expliquei-lhe que se trata de uma terapia breve e não é adequado nem seria saudável/aconselhável realizar seguidamente, em espaço de tempo tão curto, outra constelação, e expliquei que os efeitos de uma constelação continuam por aproximadamente dois anos, ativando as mudanças na vida do constelando. Semanas depois, após o fim do curso, disse-me que sua vida havia mudado: estava em paz com sua mãe e irmãs, havia encontrado um companheiro que era muito bom para sua filha e que já estava empregada.

Esses são alguns dos efeitos que mais nos comprazem quando os percebemos nos alunos e clientes que constelam conosco: a sua mudança de vida e dos membros do seu sistema, a capacidade de seguir adiante, acompanhando os ciclos transformadores da vida.

O efeito transformador das constelações surge do fato de que vivemos em um mundo sistêmico e, ao trabalhar-se sistemicamente, o benefício – clareza de visão, harmonia interna, leveza, expansão, alegria etc. – se estende por toda a sua estrutura sistêmica familiar e/ou organizacional, social etc.

Em um outro grupo foi trabalhado o movimento interrompido de uma aluna com sua mãe, com a qual a aluna não tinha contato havia três anos. Na noite em que foi realizada sua constelação, sua mãe a chamou para dizer que a amava – esse fato se repete em muitas constelações que realizamos –, o que lhe trouxe grande alegria e leveza, e a mudança da perspectiva pela qual via seu vínculo com sua mãe, lançando um novo olhar sobre sua relação mãe-filha.

Cabe esclarecer o que significa o "movimento interrompido". Trata-se da debilitação ou interrupção do vínculo da criança com sua mãe – mais frequentemente com esta – ou pai, devido à indisponibilidade daquela ou daquele quando a criança necessita da presença de um deles. Isso acontece quando, por exemplo, um dos pais – especialmente a mãe – não pode estar com ela porque trabalha todo o dia ou porque "não enxerga" a criança, não lhe dá atenção por estar emaranhado(a) nos problemas da sua família de origem ou por qualquer outra razão; também acontece o movimento interrompido quando há adoção.

Em alguns alunos e clientes que foram adotados observou-se a existência de conflitos, insatisfação, dor e rancor, acompanhados, em alguns casos, de depressão. Alguns, por desconhecerem seus pais biológicos, demonstravam insegurança e insatisfação. Outros, mesmo conhecendo seus pais biológicos, pelo próprio efeito da não aceitação, expressavam, inicialmente, revolta. Quanto aos alunos, no transcurso das aulas/práticas e após constelarem-se, foram observadas, em alguns deles, algumas mudanças significativas na forma como viam e se referiam aos pais, especialmente os pais biológicos, por adquirirem uma nova percepção em relação a eles, por entenderem que, em alguns casos, ao entregarem seus filhos para adoção, estavam tentando livrá-los de situações dolorosas de diversas naturezas.

Essa compaixão que surge com um novo olhar para aquela(e) que inicialmente era considerada(o) insensível e cruel traz a memória do vínculo materno/paterno, renovando sua força. Esse mesmo processo ocorreu com pessoas que tinham o movimento interrompido com suas mães por terem estas, segundo eles, cumplicidade com pais que os maltratavam.

– Mulheres que dizem não aos homens – Trata-se, aqui, quase invariavelmente, da repetição de histórias no que tange ao feminino ancestral de suas famílias. Conforme o já expresso anteriormente, os sistemas não toleram exclusões. Quando estas ocorrem, a consciência sistêmica exige trazer de volta a memória do excluído, por meio de um descendente. Esse processo gera mais um excluído, pelo processo de identificação do descendente com o seu antecessor, levando aquele a repetir, inexoravelmente, a história deste. Por isso recomendo, no início dos trabalhos do curso/prática, buscar saber o que aconteceu com seus ascendentes familiares até a quarta geração, já que nas constelações se evidencia, com frequência, uma repetição do não resolvido, dos conflitos e exclusões nas famílias. São consideradas exclusões o homicídio, o suicídio, o aborto, mortes precoces, mortes brutais, expulsões de filhos de casa, esquecimento ou ingratidão de pessoas da família ou que conviveram nesta.

Uma cliente me buscou para fazer uma constelação porque tinha dúvidas se ainda amava o seu marido. Havia sido contratada por uma empresa para trabalhar fora da cidade em que viviam e seu marido continuaria trabalhando no mesmo lugar. A dinâmica oculta que se mostrou em sua constelação confirmou o que já se supunha: problemas dela com sua ancestralidade feminina. Sua avó materna havia sofrido maus-tratos de seu avô. Sua lealdade à avó se manifestava sob o processo de compensação – como não podia vingar-se de seu avô por conta dos vínculos consanguíneos e afetivos, fazia-o com seu marido, afastando-se dele.

Na constelação dessa cliente, seu marido demonstrava muita afetividade por ela. Havia amor entre ambos. Após a constelação, ela confirmou o que se apresentou na dinâmica com os avós maternos. Semanas depois, enviou-me mensagens dizendo que havia voltado a enamorar-se de seu marido e que já buscava transferir-se de volta à cidade em que seu marido residia.

Bert Hellinger explica em vários dos seus livros o processo de compensação que se dá em muitas famílias: se em uma relação afetiva de casal há traição ou agressão e uma das partes – geralmente a traída ou a agredida – não reage, quer seja dialogando ou tentando ajudar o outro a encontrar seu equilíbrio, para poder, assim, equilibrar a relação entre ambos – *terceira lei sistêmica: equilíbrio entre dar e tomar* –, uma filha ou um filho se tornarão perpetradores: tentarão compensar o sofrimento daquela(e) ancestral, vingando-se naquele(a) a quem está vinculado pela afetividade.

Nesses nove anos de atendimento em terapia sistêmica familiar ficou comprovado que quando há conflitos entre ancestrais do sexo feminino e do masculino, sendo marido, amante ou alguém desejado, tais conflitos se manifestam nas mulheres descendentes sob a forma de incômodos, bloqueios, disfunções ou enfermidades no aparelho reprodutor das descendentes e rechaço aos homens. São muitos casos de mulheres que, pelo processo compensatório, arcam com as cargas e sofrimentos dos conflitos afetivo-sexuais de suas mães, avós, bisavós etc.

Uma aluna de aproximadamente 30 anos, que tinha uma disfunção em seu aparelho reprodutor – quase não tinha menstruação –, ao constelar sua relação com sua família de origem, deixou evidente toda a dinâmica de conflitos envolvendo muitas mulheres da família em relação ao masculino. Sentindo-se aliviada depois de haver sido constelada, confirmou a existência daqueles conflitos em sua família e voltou a sua cidade natal para buscar mais informações.

É importante destacar que o modelo das constelações familiares opera fundamentalmente com o que está oculto nas pessoas e nos sistemas respectivos. As causas reais do sofrimento estão, na maioria das vezes, ocultas e não correspondem ao que o cliente afirma conscientemente ser. Por isso há a necessidade de trazer à consciência o que subjaz ao problema/sofrimento na pessoa e no seu sistema, seja ele familiar ou organizacional.

Muitas constelações realizadas evidenciam fatos que foram ocultados dos descendentes por seus pais, avós etc., por vergonha ou com a intenção de protegê-los. Esses segredos trazem muito sofrimento porque, enquanto estão ocultos, seguem reverberando, vitimando outros descendentes, que repetem toda a dinâmica de sofrimento. Ao ser reconhecido e aceito o que aconteceu antes, conquista-se a paz em família. Como diz Joan Garriga, *"aceptar lo que es"* é uma atitude sábia que transforma. E como foi afirmado pelo próprio Hellinger: ao aceitarmos o que aconteceu – fato consumado, passado (intocável/irreversível) – nos liberamos do sofrimento, ao passo que, ao negarmos, ao tentarmos ignorar ou rechaçarmos, estamos no processo de identificação com o negado, vivenciando-o.

Podemos comentar os efeitos dos movimentos sistêmicos, das constelações e de todo o trabalho de educação emocional nos grupos de desenvolvimento humano (GDH)/Uneb, do ponto de vista:

a) Emocional: com frequência os alunos ficam mais reflexivos e fleugmáticos, mais tolerantes com os familiares. Os que sentiam raiva de um dos progenitores por conta de ser filho de pais separados e, possivelmente, haver sofrido com a alienação parental, veiculada intencional ou involuntariamente, expressam, inicialmente, a raiva vivida ou reprimida pelo agente do processo de alienação.

Cabe esclarecer que a alienação parental resulta do processo pelo qual um pai ou uma mãe – mais frequente – fala mal do cônjuge em frente aos seus filhos, o que resulta em revolta daqueles filhos não só em relação à parte criticada, mas, principalmente à parte criticante, já que os filhos desejam sempre estar com ambos.

A reaproximação entre membros anteriormente em conflito a partir da tolerância do constelado ou participante das práticas é frequente e o estado de leveza é sentido por todos.

b) Do ponto de vista físico: em algumas pessoas afloram dor de cabeça inicial, dor nos ossos, na rótula (joelhos) que, possivelmente, decorrem da liberação do que estava retido e dos pesos ou cargas emocionais do sistema familiar da pessoa nesse processo.

Por estar mais leve, a pessoa adquire, em geral, um aspecto fisionômico de serenidade e beleza.

c) Efeitos materiais: é frequente, após uma constelação, que bens materiais, objetos de conflito, questões na Justiça e competição tomem outro rumo e desenvolvimento; que mudanças de domicílio, ou mudanças internas na residência, ocorram.

Da experiência com meus alunos tenho a confirmação por aluna que havia sido aprovada em concurso público, cujo prazo para a convocação à vaga já quase se extinguia, quando ela foi chamada para assumir a função pela qual concorreu. Ela agradeceu diretamente ao grupo do qual participava bem como por meio do preenchimento da ficha de avaliação. Analogamente, outra aluna que participou de um dos grupos, ao constelar sua família criada, ou seja, a que surge ao contrair casamento, ascendeu a uma função mais significativa na sua carreira profissional.

Havia uma aluna – na verdade, são muitos os casos idênticos – que não tinha contato com sua mãe e seus irmãos fazia mais de ano e sempre se queixava de ser excluída. Sua constelação do movimento interrompido com a mãe lhe trouxe esta, que a chamou por telefone, e começou a aproximação com suas irmãs afastadas. A aluna, que não tinha emprego havia muito tempo, foi chamada e contratada, e no plano afetivo começou uma relação de casal com um rapaz após muito tempo sem estar com alguém.

Recentemente, uma cliente que constelou suas perdas afetivas na relação de casal de imediato atraiu um namorado. Sua relação com sua mãe, que sempre se manifestava crítica no que tange aos membros familiares e com quem a constelada tinha conflitos, inclusive por questões patrimoniais, em menos de três meses mudou, a ponto de sua mãe presenteá-la com o terreno em que a constelada havia construído e que era objeto de litígio. Segundo declarações da própria aluna, a constelação foi um "divisor de águas na vida dela".

São muitas experiências exitosas ao longo desses anos de trabalho em constelações sistêmicas segundo o mestre Hellinger. Menciono, porém, algumas, já que uma das finalidades deste livro é esclarecer o tema para as pessoas que escutam falar sobre as constelações sistêmicas e de Bert Hellinger, mas que não sabem dos benefícios e da importância desse modelo fenomenológico para a mudança em suas vidas e para a aquisição de uma consciência sistêmica de mundo.

Transcrevo agora partes das fichas de avaliação preenchidas por vários (as) alunos (as):

> 1. "Quando fui fazer o curso estava com dificuldade em uma área da minha vida [...]

> Na minha constelação, tudo que eu presenciei no meu campo enquanto observava alguém me representar, tudo foi muito real. Eu ficava admirada com as intervenções da minha mãe [...] Na noite do dia da minha constelação eu sonhei a noite toda. Acabava um sonho começava outro. Em um dos sonhos eu via como se fossem várias telas grandes. Nelas continha (sic.) fases da minha vida, ia passando diante de mim".

> 2. "Participar como representante nas constelações teve um efeito muito positivo. Pois (sic.) ajudou-me na solução de problemas com meu pai. [...] Antes de começar a fazer parte do grupo de intervenção sistêmica eu estava com algumas dificuldades no meu relacionamento com meu pai. Em um movimento sistêmico eu coloquei uma pessoa para representar meu pai. Durante a atividade chorei muito e pedi desculpas a ele. Daquele dia em diante as armaduras se desfizeram. Hoje, graças a Deus e ao modelo

Hellinger, consegui consertar minha relação com meu pai. Fico muito feliz por ter tido a oportunidade de experienciar essa riqueza que são as constelações familiares no modelo Bert Hellinger".

3. "Todas as representações em que atuei me fizeram refletir sobre as emoções sentidas, das quais muitas puderam me fazer ver o quanto precisava mudar em alguns tópicos da minha vida".

4. "Na minha rotina passei a compreender melhor algumas atitudes das pessoas com as quais convivo e entender o porquê (sic.) que existem algumas situações emaranhadas na minha família que eu há muito tempo buscava saber o motivo. A minha visão de mundo foi alterada substancialmente, pois não possuía o entendimento de que varias situações conflituosas na empresa teriam ligação com a minha relação com meus pais".

5. "A Constelação Familiar Sistêmica mudou a minha vida em vários aspectos. Hoje me sinto uma nova pessoa. Sei que as minhas desordens podem estar aliadas a desordens de 'terceiros' de minha cadeia familiar, portanto, nem tudo é 'meu e precisa ser olhado e tratado para que eu e meus precedentes sejam (sic.) mais felizes. Para mim a Constelação é algo de Deus mesmo, do Divino, da transformação planetária, da nova era, enfim, do Bem. Muito grata por participar deste grupo".

6. "Efeitos fisiológicos: taquicardia, sudorese, tremor, dor de cabeça, dor nas pernas e em outras partes do corpo. Quanto a minha visão de mundo e existencial, comecei a observar e perceber que não existe vítima e, sim, falta de conhecimento, falta de oportunidade de experienciar o amor. E quando isso nos ocorre somos transformados e transformamos. É como uma cura... pois tudo o que fere interfere".

7. "Durante as constelações dos colegas tive vários sintomas... Apesar de ainda não ter constelado, a minha percepção de mundo e de família já foi transformada, minha relação com minha mãe está sendo ressignificada, partindo dos pressupostos de Hellinger de hierarquia, onde me percebo como 'a pequena e minha mãe como a grande' e da ordem (sic.), onde compreendo que o Amor não existe sem ordem".

8. "As constelações produziram um efeito grandioso na minha percepção de mundo, principalmente a questão relacionada com meus pais. A partir dessa percepção passei a reverenciar todos os dias e venho sentindo um grande alívio interior. Posteriormente a este momento participei como representante, como mãe de um filho abortado, acredito que aquele momento foi ímpar e resolvi uma questão pessoal minha (a mágica da constelação!). [...] Vivenciei em um sonho, um momento de integração com minha mãe, quando me tornei pequena e ela me carregou no colo. Muito grata!".

9. "O modelo e as práticas adotadas nos permitem uma enorme reflexão de tudo e todos ao nosso redor, possibilitando uma visão ampla e permissiva à mudança".

"Desde o início das práticas percebi uma mudança significativa em vários contextos, desde o familiar aos estudos (na classe/turma), em todos ao redor, inclusive em meus comportamentos, atitudes, sentimentos. Do ponto de vista emocional, as constelações nos tocam muito, nos deixam emocionados, mais vivos, sentimentais, resgata a essência do nosso ser, tanto em nós quanto em pessoas próximas, principalmente familiares. [...] em relação aos sentimentos, o quanto melhorei nesse sentido".

10. "Estou encantada com o modelo Hellinger! Achei muito eficiente. [...] Percebi mudanças grandes em meu comportamento, principalmente com relação à tolerância, me sinto mais paciente com minha família.

No tocante ao profissional (sic.), as alterações foram mais profundas. Muitas mudanças nas gestões e, consequentemente, nas relações (mudanças para melhor).

Tenho estado mais reflexiva com relação ao contexto afetivo. Bem mais atenta aos vínculos e respeitando os sistemas das pessoas".

11. No início do curso levei a minha situação para o grupo. Fui escolhida para ser constelada. Pensava que meu casamento estava acabando, hoje percebo que ainda existe amor entre nós, estamos tentando retomar a nossa relação. Estou muito amorosa, atenciosa e tolerante".

12. "[...] pude perceber a importância da união, compreensão, afeto e amor para os membros da família e que os pais exercem influência marcante na vida integral de um filho. As práticas realizadas nos encontros demonstraram que o AMOR é e continuará sendo a base que sustenta o equilíbrio emocional de todos os seres humanos".

13. "[...] as sessões foram conduzidas numa dimensão de espaço-tempo que transcende o lugar de execução.

Meu sentimento foi se alterando ao longo do andamento das práticas – de uma fase interrogativa a uma fase final de entrega e pertencimento à ordem que se busca estabelecer na esfera do amor. No ambiente familiar, mais serena e deixando a cada um, com respeito às suas próprias experiências, a condução de suas vidas e acolhendo até a mim mesma com mais amor. Atuou na elevação da autoestima e prosperidade. [...] que todos os consteladores possam atuar de forma consciente em ações libertadoras na condução "das ordens do amor", o que requer preparo e o nível apresentado nas atividades do grupo demonstrou ser um nível de excelência.

Finalizo agradecendo à Prof.ª Helen por sua sensibilidade, serenidade e competência e à Uneb por abraçar um projeto de tamanha magnitude no processo de elevação da consciência e cura da humanidade em um movimento sistêmico".

CONSIDERAÇÕES FINAIS

Quando se afirma que a realidade é a leitura que fazemos dela, a partir do que concebemos com nossas experiências nos primeiros anos de vida, juntamente a toda a herança genética e epigenética familiar ancestral, é mais fácil entendermos tal afirmação ao vivenciarmos um movimento sistêmico ou ao integrarmos uma constelação.

Muitas convicções de clientes que, "conscientemente", expressam um ponto de vista, veem-se negadas nas constelações, como representados, fazendo diferente do que em estado de consciência afirmam. Isso porque o campo morfogenético ou quântico da constelação sistêmica familiar evidencia a realidade, ou seja, a quais lealdades se honra e se serve nos sistemas.

As chamadas emoções primárias constituem um dos fatores que evidenciam a realidade efetiva de um dado sistema, pela expressão de emoções e sentimentos reais e pela mudança de conduta dos representantes frente à realidade que preexiste em cada sistema: o amor que vincula todos subjaz e sobrevive à descontextualização dos seus membros, aos condicionamentos e repetições de várias gerações, ou seja, influência herdada dos antepassados – influência transgeracional; entre membros da mesma família/geração, – intrageracional; – e entre pais e filhos, influência intergeracional.

O trabalho de intervenção sistêmica que fazemos em nosso curso de extensão não é só terapia; fundamentalmente, consiste em um **trabalho sistêmico educativo**. Com a liberação dos processos ilusórios que o(a) impedem de ver – o mais próximo da – a realidade, o(a) aluno(a), ao finalizar o curso, adquire uma consciência sistêmica e, nesse sentido, continua buscando seu crescimento pessoal em todas as suas dimensões. Segue derivas que o(a) fazem crescer e aproximar-se dos demais no sentido da ajuda mútua.

O caminho sistêmico/holístico torna-se claro, como opção, à medida que suas falsas crenças se diluem por sua atenção perceptiva frente aos fatos. Uma dessas falsas crenças é a de que podemos viver isolados dos demais, ignorando nosso caráter humano gregário.

Reafirmo a importância:

- da visão sistêmica, da ordem dos sistemas; do lugar que se ocupa em seu sistema de referência, assim como em seu sistema organizacional (trabalho), estudos, em seu meio social – de seu papel, sua contribuição à comunidade em que vive e às demais; a importância de ter **autodomínio** pela aquisição do **autoconhecimento**. Para isso, é imprescindível a humildade de reconhecer seu próprio lugar em seu sistema, e agir a partir desse lugar. Essa atitude é condição *sine qua non* para ajustar-se a sua estrutura familiar, atuando com força desde seu lugar, e poder desfazer os nós dos emaranhados familiares. Os resultados já são conhecidos: leveza, serenidade, paz, equilíbrio, bem-estar e alegria por sentir-se pertencendo ao seu sistema familiar – sentido lato – e ter, assim, sua referência nele. As repercussões positivas internas e externas – afetivas, materiais, econômicas, profissionais e relacionadas ao clã – fluem com facilidade.

Vimos aqui a necessidade humana de referência e pertinência; a existência do intercâmbio sistêmico intrageracional, intergeracional e transgeracional; os movimentos vinculativos profundos por meio das constelações; a importância do genograma para poder ver o transgeracional e sua interferência no presente: bisavós, avós, pais, filhos, alunos e suas formas de sobrevivência, seus contextos sociais e familiares; o psicogrupo interiorizado da infância como referência das relações e como estrutura dos vínculos.

Dentre as diferentes inteligências que os humanos possuem podemos citar:

- Inteligência intelectual – capacidade de desenvolver processos cognitivos.

- Inteligência social – saber lidar com contextos sociais mais abertos, mais fechados ou socialmente empobrecidos.
- Inteligência emocional – saber manejar as emoções.
- Inteligência fenomenológica: capacidade de expor-se em cada momento ao que É, ao que ocorra.
- Inteligência sistêmica: capacidade de ampliar o olhar, de incluir tudo. Há três tipos de inteligência sistêmica:

  - Inteligência intrageracional – dentro de uma dada época com os iguais;

  - Inteligência intergeracional – dentro de uma dada época com os não iguais;

  - Inteligência transgeracional – mais além das gerações com as quais a pessoa se relaciona no presente contexto.

É importante compreender o impacto que a família, a cultura, a história e os ancestrais têm no desenvolvimento de uma consciência pessoal e sistêmica e como esta condiciona a percepção e o movimento que temos na vida e na relação com os outros.

Sobre o perdão: por meio das Constelações Familiares entende-se que não há o que perdoar, já que o perdão pressupõe que alguém que foi ferido por outro o vê como culpado.

Ao participar de uma constelação uma pessoa percebe a força do sistema, que leva pessoas a repetirem, na maioria das vezes, papéis e histórias acontecidas em gerações passadas e que pululam na memória de tal sistema. As feridas emocionais propagam-se pelos laços familiares, até que alguém, consciente, detenha o processo.

Faço aqui uma pequena leitura sistêmica de uma película recentemente exibida nos cinemas e que mostra uma protagonista criança, que atua como uma filha rebelde, irascível e agressiva, a ponto de aproximar-se de um animal selvagem, um leão – efetivamente belo e sedutor. Por negar o próprio pai identifica-se com ele ao aproximar-se e criar vínculo com o leão presenteado pelo pai desde que aquele era pequeno. Ao descobrir que seu pai criava leões e os vendia a um caçador-negociante para serem objeto de caça por turistas, a protagonista foge com o leão e enfrenta o pai com uma arma, disparando-a em sua perna...

Esse tipo de roteiro é perverso porque embora apresente no coprotagonista um pai e marido amoroso, mostra também o seu lado transgressor e perpetrador em relação aos animais. Isso leva os telespectadores a verem na menina protagonista a salvadora, a heroína que defende os animais; o nefasto, porém, não pode ser obnublado: a filha ataca aquele que lhe trouxe à vida e com o qual tem um vínculo eterno...

Sobre o lado nefasto da mídia, hoje tão distanciada do papel/função para o qual foi criada, ou seja, ser veículo de utilidade pública, ajudar pela transmissão de notícias que contribuam para a saúde pública, dentre outras finalidades, o que se observa hoje é a exibição de temas deprimentes e sensacionalistas. O resultado são as sequelas que se verificam na atualidade, milhares de pessoas com transtorno da depressão, considerando que as pessoas, em geral, consomem imagem e som com todo o trágico que é mostrado.

Não se consegue alcançar uma mente serena e saudável, livre de medos, culpas, ódios e agressividade enquanto se consumam imagens e sons desprezíveis – incitantes do ódio e da vingança –, os quais alimentam os sentimentos citados e que levam, muitas vezes, à prática contra a vida. Só a partir da atenção e de uma autodisciplina em buscar sua paz, sua saúde e seu crescimento pessoal alguém pode conseguir isso. É importante:

1. Estar contextualizado, ou seja, se sou pai ou mãe, filho(a), perguntar-me: estou, de fato, ocupando meu lugar? Se sou filho(a), cumpro meu papel de pequeno(a) frente aos grandes – meus pais, avós, bisavós – em respeito à hierarquia familiar? [49]

---

[49] O exercício da humildade de aceitar o próprio lugar é fundamental para estar em harmonia com seu sistema e com a vida. Reconhecer-se como pequeno frente aos pais e agradecer pela vida que eles lhe deram é extremamente resolutivo nos conflitos de toda ordem.

2. Praticar atividades criativas – desenvolvimento do hemisfério direito cerebral – e incluir a música e o silêncio na medida necessária para escutar-se e seguir sua voz interna. Para obter êxito, a música deve ser selecionada para adequar-se a cada estado emocional.

O silêncio transforma-se em produtividade e equilíbrio por meio da meditação, visualização e contemplação. Essa é uma etapa fundamental para a aquisição de respostas pela imersão em si mesmo, porque é aí que se encontram as verdadeiras respostas. Para isso é necessário perseverança para o desenvolvimento da intuição, a escuta de seu próprio Ser, tal como a buscou com sucesso Carl Jung, ao priorizar o hemisfério cerebral direito, a visão sistêmica do paciente em seu método, obtendo o sucesso e liberando muitos clientes de tratamentos cruéis em psicoterapia.

Assim o fez o grande mestre Hellinger que, ao centrar-se no silêncio de sua busca encontrou o magnífico "Movimento do Espírito", modelo atual de seu método das Constelações Sistêmicas, pelo qual inclui todos os membros da família, sem discriminação a qualquer deles, trazendo-os de volta aos seus lugares, resgatando a harmonia familiar, cujos reflexos trazem o sucesso em diferentes âmbitos, perceptíveis no ato da constelação e relatados por imenso número dos seus clientes em seus livros.

Assim também ocorre com o nosso trabalho, aprendido diretamente com o mestre Hellinger. Dá-nos grande alegria vermos a evidência do benefício tanto em nível educativo, no meu trabalho acadêmico, quanto no meu atendimento privado, e a aquisição pelo(a) aluno(a) ou pelo(a) cliente de uma inteligência sistêmica, pela qual passam a ver e agir no mundo.

REFERÊNCIAS

ALAMIS HUERTA, A. **Formación de formadores**. México: Trillas, 2000.

ALFARO, M. *et al.* **Las escuelas normales:** espacio de tensión y controvérsia em educación. México: Trillas, 2001.

ALMEIDA, R. O. Violência urbana, exclusão social e identidade. *In:* BARREIRA, C.; LINS, D. **Poder e violência**. Fortaleza: EUFC, 1996.

ÁLVAREZ NÚÑEZ, Q. Los centros educativos como organizaciones: características y disfunciones básicas (I). **Innovación Educativa**, ISSN 1130-8656, n.13, p. 273-289, 2003.

ÁLVAREZ NÚÑEZ, Q. La crisis de la participación en las instituciones escolares: causas y consecuencias. **Innovación educativa**, ISSN 1130-8656, n. 20, 2010, p 217- 232 .

BOECHAT, P. **Terapia familiar:** mitos, símbolos e arquétipos. Rio de Janeiro: Wak Ed., 2005.

BOURQUIN, P. **Las constelaciones familiares**. Em resonancia con la vida. 12. ed. Bilbao: Editorial Desclée de Brouwer S.A., 2014.

CAPRA, F. **La trama de la vida:** una nueva perspectiva de los sistemas vivos. Barcelona: Anagrama, 1998.

CASTELHANO, L. WAHBA, L. O discurso médico sobre as emoções vivenciadas na interação com o paciente: contribuições para a prática clínica. **Interface**, Botucatu, v. 23, 16 jan. 2019.

DAMASIO, A. R. **El error de Descartes.** Barcelona: Editorial Planeta S.A., 2016.

DAVIS, M. **Planeta favela**. São Paulo: Boitempo, 2006.

EERSEL P.; MAILARD, C. **Mis antepasados me duelen**. Barcelona: Editora Obelisco, 2004.

FRANKE-GRICKSCH, M. **Eres uno de nosotros:** miradas y soluciones sistémicas para docentes, alumnos y padres. Argentina: Alma Lepik, 2004.

GOLEMAN, D. **Inteligência emocional.** 5. ed., Rio de Janeiro: Objetiva, 1995.

GÓMEZ GÓMEZ, F. Y.; MUNUERA GÓMEZ, M.P. Experiencias grupales innovadoras en la segunda especialidad en orientación y consejería al niño, adolescente y psicoterapia familiar. *In:* II ENCUENTRO SOBRE EXPERIENCIAS GRUPALES INNOVADORAS EN LA DOCENCIA UNIVERSITÁRIA. **Anais [...].** UCM, Madrid, 2007a, p. 1- 7.

GREENSPAN, Stanley L.; BENDERLY, B. **El crecimiento de la mente.** Y los ambiguos orígenes de la inteligencia. Barcelona: Paidós Ibérica Ediciones S.A., 1998.

HAUSNER, S. **Constelações familiares e o caminho da cura:** a abordagem da doença sob a perspectiva de uma medicina integral. Tradução de Newton A. Queiroz. São Paulo: Cultrix, 2010.

HELLINGER, B. **Religion, psicoterapia y cura de almas.** Herder: Barcelona, 2000.

HELLINGER, B. **Ordens do amor.** Um guia para o trabalho com constelações familiares. São Paulo: Cultrix, 2003.

HELLINGER, B. A **paz começa na alma.** Patos de Minas: Atman, 2006.

HELLINGER, B. **Conflito e paz.** Uma resposta. São Paulo: Cultrix, 2007.

HELLINGER, B. **Um lugar para os excluídos.** Conversas sobre os caminhos de uma vida. Patos de Minas: Atman, 2006.

HELLINGER, B.**O essencial é simples.** Terapias breves. Patos de Minas: Atman, 2006.

HELLINGER, B. **O amor do espírito na Hellinger Sciencia.** 2. ed. Tradução de Tsuyuko Jinno Spelter. Goiânia: Atman, 2011.

HELLINGER, B. **As ordens da ajuda.** Patos de Minas: Atman, 2005.

HELLINGER, B.; BOLZMAN, T. **Imágenes que solucionan**. Argentina: Alma Lepik, 2001.

HELLINGER, B.; WEBER, G. **A simetria oculta do amor**. Por que o amor faz os relacionamentos darem certo. São Paulo: Cultrix, 1999.

HELLINGER, B.; TEN HOVEL, G. **Constelações familiares**. Conversas sobre emaranhamentos e solução. São Paulo: Cultrix, 2001.

LABAVERE, G. A. **Pensamiento, análisis y auto regulación em la actividad congnoscitiva de los alumnos**. México: Ángeles Editors, 1994.

LEVINE, P. A. **O despertar do tigre:** curando o trauma. São Paulo: Summus Editorial, 1999.

LIMA, R. de A. Aula cronometrada. **Veja**, 23 jun. 2010. Disponível em: http://veja.abril.com.br/230610/aula-cronometrada-p-122.shtml. Acesso em: 16 set. 2015.

MACLEAN, P. **The triune brain in evolution:** role in paleocerebral functions. Nueva York: Plenum Press, 1990.

MARQUES, E. A base da violência. Sociologia especial. **Ciência & Vida**, São Paulo, n. 1, ano 1, p. 20-9, 2007.

MASLOW, A. **Toward a psychology of being**. Rio de Janeiro: Letra Viva, 1968.

MATURANA, H. R. **Autopoiesis**. *In:* ZELENY, M. (ed.). **Autopoiesis:** a theory of the living organization. Boulder: Westview Press, 1981.

MCTAGGART, L. **O campo:** em busca da força secreta do universo. Tradução de Claudia Gerpe Duarte. Rio de Janeiro: Rocco,2008.

MORIN, E. **Los siete saberes necesarios para la educación del futuro**. Barcelona: Paidós, 2002.

MOURTHÉ Jr., C. A.; LIMA, V. V.; PADILHA, R. de Q. Integrando em ações e racionalidades para o desenvolvimento de competência nas metodologias ativas de aprendizagem. **Revista Interface, Comunicação, Saúde, Educação**, Botucatu, v. 22, n. 65, 2018.

OLVERA, A. **Pedagogía del siglo XXI.** El éxito es tu historia. México: Cudec, 2009.

PARELLADA ENRICH, C. (coord.). **Cuadernos de Pedagogía,** n. 360, septiembre 2006.

PASCAL. **Pensamientos.** Paris, Garnier-Flammarion: Ed. Léon Grunschwicg, 1976.

RUPPERT, F. **Depressões:** sintomas, causas e evolução na perspectiva de uma psicotraumatologia sistêmica. Munique: Katolische Stiftungs fachochchule, 2003.

SHELDRAKE, R. **A new science of life.** The hyphothesis of morphicresonance .London: Blond & Briggs, 1981.

SAVIANI, D. Caros amigos. **Especial educação,** ano 15, n. 53,p. 7, jun. 2011.

VILAGINÉS, M. T. **La pedagogia sistémica.** Fundamentos y práctica. Barcelona: Editorial Graó, 2007.

VILAGINÉS, M. T. **Pensar con el corazón sentir con la mente.** Recursos didáticos de educación emocional sistémica multidimensional. Barcelona: Editorial Octaedro S.L., 2016.

WATZLAWICK, P.; BEAVIN, J.; JACKSON, D. D. **Teoría de la comunicación humana.** Barcelona: Herder, 1981.